DU MÊME AUTEUR :

Aux Éditions Bussière :

Astrologie : signes, ascendants et affinités.
Transits et révolutions solaires en astrologie.
Cartomancie pratique.
Le Message des Couleurs.

Aux Éditions Dervy :

Cours de Tarot.
Cours de Cartomancie.
Cours de Chirologie.

LILIANE SOUVAY

La Chirologie pratique

Étude des mains

Éditions Bussière
34, rue Saint-Jacques
75005 Paris

ISBN : 2-85090-214-4

À Serge et Maguy
À tous les passionnés de sciences humaines

«L'homme n'est homme que parce qu'il a une main»

Jean-Paul Sartre

INTRODUCTION

C'est un petit ouvrage rapide qui vous permettra d'aborder l'étude de la main, dans l'essentiel de son interprétation.

Si vous voulez approfondir un peu plus l'étude, vous pouvez vous référer à l'ouvrage «Cours de Chirologie»[1].

On ne saurait dater l'intérêt de l'homme pour la main, l'observation expérimentale qui a permis de structurer une connaissance; sans doute se trouve-t-elle dans le fond des temps, dès que l'homme s'est posé des questions, curieux des signes qui s'inscrivent en lui, dans la nature et le cosmos. Cependant, l'on peut dire déjà que les grands philosophes du passé avaient acquis des certitudes sur ce sujet, et ils utilisaient cette compréhension vis à vis d'eux-mêmes et des autres, en tant qu'une connaissance de l'être.

1. Du même auteur chez Dervy.

Platon, Hippocrate, Aristote, Alexandre le Grand, Galien, Jules César, Paracelse, pour ne citer qu'eux, n'étaient pas indifférents aux signes de leurs mains.

On sait qu'un tiers du cerveau correspond à la main, et que dans ce tiers, le pouce occupe la plus grande place. La main n'est que l'instrument du cerveau, l'ouvrière de ses pensées et de ses volitions. Outil de création, tous mouvements obéissent au cerveau, il n'est pas étonnant alors, que la main l'exprime dans sa forme et dans ses signes, puisque les deux, cerveau et main, ne font qu'un : l'inspirateur et l'exécutrice. Elle a fait la preuve de son génie en tant qu'artisan, créateur, être civilisé. Un bâtisseur de pyramides, de cathédrales, de châteaux, etc…

On pourra ainsi se ravir longuement de la richesse de la main qui a dignifié l'homme, jusqu'à l'état de démiurge.

Que la main porte des traces de l'Être et de son devenir apparaît alors naturel, puisqu'elle est si étroitement reliée à la fois, au cerveau et au corps. Le cerveau exprime et la main imprime.

D'ailleurs, il y a un phénomène intéressant lorsqu'une personne décède, les lignes de la main pâlissent et s'effacent[1] ce qui ne fait que conforter,

1. Ceci m'a été confirmé par l'observation de plusieurs infirmières.

s'il était besoin d'insister, la dépendance du cerveau et de la main.

De même, nous apprendrons, lorsque nous étudierons le pouce « maîstre doigt » comme disait Montaigne. Doigt de direction, d'organisation de l'individu. Et lorsqu'une personne âgée est en phase terminale, il arrive fréquemment qu'elle couvre son pouce avec les autres doigts en l'enfermant dans la paume. Et voir aussi les nouveau-nés qui recroquevillent leur pouce dans leur paume, exprimant qu'ils n'ont encore aucune autonomie [1]. Les êtres dépourvus d'intelligence (atteints d'idiotie), ont des pouces atrophiés.

Le premier apprentissage est de savoir regarder les mains attentivement, et l'on s'apercevra déjà que main gauche et main droite sont différentes et que, dans les cas les plus courants, la droite est plus importante que la gauche, à moins que nous ayons affaire à un vrai gaucher, auquel cas, nous inverserons notre observation. Car, contrairement à certains acquis, c'est la main droite qui centralise les conclusions de l'ensemble, autant dans sa forme que dans ses lignes. Dans le cas où la droite serait plus chétive que la gauche, on en déduira que la personne n'a pas développé tout son potentiel d'énergie et d'aptitudes.

1. Le pouce représentant essentiellement, la capacité d'autonomie d'un individu.

Actuellement nous désignons l'étude de la main par *chirologie*, mais certains l'appellent encore chiromancie qui est le qualificatif ancien, inscrit encore dans le dictionnaire.

Termes d'origine grecque : Kheir, Kiro qui signifient main et logie, logos : discours, étude. Soit, étude de la main, et mantie *maintia* qui veut dire divination, ainsi divination par les mains.

La chirologie comprend la chirognomonie, main et gnômôn qui veut dire *qui connaît*, soit qui connaît la main. La chirognomonie est l'étude de la forme des mains qui définit le tempérament de la personne, ses prédispositions naturelles, ses aptitudes, son caractère, sa constitution.

La chirologie englobe la chirognomonie et l'étude des lignes de la main.

Nous commencerons par apprendre la chirognomonie, absolument indispensable pour comprendre le graphisme palmaire. Car le tracé d'une ligne prendra tout son sens selon la constitution de la main. Puis nous étudierons les lignes qui nous donneront les grands traits du destin.

Il faut bien se comprendre sur le sens de divination. Nous découvrirons les grands aiguillages du destin : les changements de situation de vie, les états de santé, les événements affectifs, les temps forts et les temps faibles, etc. Mais il ne faut pas s'attendre à une réponse touchant le quotidien ; ainsi, vais-je partir en vacances avec mon ami etc.

Ce ne sont pas des bifurcations qui marquent le destin, même si, sur l'instant, ce fait paraît important pour le sujet. Il s'agira plutôt pour marquer la main, de faits essentiels caractéristiques de la destinée.

« Plus on est dans le fondamental, plus on est près du cerveau humain ».

Parole de scientifique

I

LA FORME DE LA MAIN

Il y a quatre formes basiques, classées dans la symbolique des quatre éléments :

La main terre : carrée.
La main eau : fuselée et ovale.
La main feu : pulpeuse, charnue.
La main air : longue et osseuse.

Cependant leurs configurations ne sont pas toujours aussi pures et bien souvent, nous aurons l'occasion d'observer ce que l'on appelle des mains mixtes, constituées de plusieurs éléments, par exemple terre et eau, feu et eau, air et terre, etc. Ce qui complique l'interprétation[1]. C'est une habitude, avec la compréhension des bases et avec l'assiduité de l'observation, alors on arrive vite à déterminer la forme, au moins la dominante.

1. Voir les exemples dans les chapitres prochains.

La main terre a une structure carrée de la paume et des doigts, (voir les graphismes). Elle exprime de la solidité, de l'assise, la paume est large, les doigts sont courts et carrés, ainsi que les ongles. Souvent c'est une main ferme, parfois dure au toucher[1]. Cette configuration terre indique que la personne a des dispositions manuelles ; elle est pratique, directe, concrète, « *les* pieds sur terre », c'est souvent une personne de bon sens, elle a du flair, de l'instinct, elle aime le grand air, l'activité manuelle, rapide dans ses exécutions, peu encline aux discours alambiqués. Esprit de synthèse, de répétition. On la rencontrera dans les travaux pratiques, artisanaux, manuels : la construction, la mécanique, l'agriculture, la confection, la sculpture, le bois, le sport, etc.

C'est la main de l'artisan (typologie marsienne).

La main eau est oblongue, elle s'insère dans un ovale, plus longue que large, la paume est étroite, les doigts sont fins, effilés, coniques. Elles donnent une impression de délicatesse, la main a peu d'épaisseur, la peau est souvent fine. C'est la main du sensible, qui vit et exprime fortement ses émotions, réceptivité, sensitivité, raffinement, susceptible aux blessures de l'âme, main très

1. Le toucher sera indispensable à l'étude, à voir prochainement.

féminine. Parfois fragilité psychique[1]. Ce peut être la forme de l'esthète, de l'intuitif, de l'artiste[2], états d'âme, finesse, délicatesse du comportement, subtilité, courtoisie, etc. Plus inspirée que réalisatrice.

Aptitudes pour l'écriture, les sciences humaines, les travaux de relation où les émotions peuvent s'exprimer. Type vénusien, parfois lunaire mais dans ce cas, la main est molle, blanche et potelée, sans fermeté, à ne pas confondre avec la main feu toute différente.

La main feu c'est une main dilatée, charnue, bombée, assez large, épaisse, rebondie, les doigts sont aussi bien en chair, les bouts en sont souvent arrondis et dodus ; impression d'équilibre entre la hauteur et la largeur, main ferme. La main feu est la main du sentimental, celui qui est amoureux, chaleureux, régit par ses sentiments, il n'en est pas moins sensoriel, épicurien, dynamique, enthousiaste, sociable. C'est un bon vivant, généreux, extraverti, volubile, aimant ses aises et son confort. Susceptibilité liée à sa sentimentalité, exubérant, fougueux, peut s'emporter, parfois pos-

1. Mais pas obligatoirement, voir l'ensemble des paramètres, et surtout le pouce s'il domine par sa taille et sa fermeté, ce qui donnerait une grande maîtrise sur son monde.

2. La main eau n'exécute pas toujours une œuvre, mais elle a souvent une âme d'artiste. Elle est inspirée.

sessif, accaparant. Ardeur et érotisme, esprit de synthèse etc.

C'est avec cette main que l'on trouvera les commerçants, tous ceux liés à la communication, les masseurs, les kinésithérapeutes [1], les rebouteux, les magnétiseurs, sourciers [2] etc., les travailleurs sociaux, quoiqu'ils fassent dans les travaux d'échanges, ils feront passer leur chaleur, leur optimisme ; ils peuvent être d'excellents comédiens [3], ils feront partager leur fougue. On trouvera encore des entrepreneurs, ils ont facilement confiance en eux. Leur vulnérabilité c'est leur sentimentalité, (voir la taille du pouce). Souvent habiles si main ferme ou élastique, et l'on aura alors des horlogers, des orfèvres, des bijoutiers, des couturiers, des cuisiniers, (feu : gourmands), des restaurateurs, des artistes peintres, bons comédiens et bons professeurs, instructeurs qui font passer leur énergie et la chaleur de leur être dans tout ce qu'ils entreprennent. C'est la main du jupitérien.

1. Si dans cette configuration des paramètres de la main feu, celle-ci était molle au toucher, on n'aurait plus tout à fait les caractéristiques de la main feu, mais l'expression d'une nature lymphatique qui est tout le contraire du tempérament feu qui est une grande expression de vitalité (voir ce que nous avons dit plus haut.

2. En kinésithérapie, l'on peut trouver des mains terre, en massage, idem.

3. Eau aussi.

La main air c'est une main grande et sèche, osseuse, les doigts remarquablement longs et souvent noueux aux jointures. La paume est plate, carrée ou rectangulaire, les ongles sont souvent plus hauts que larges.

C'est la main de l'intellectuel, du théoricien, du technicien, du chercheur. C'est une personne qui est apte à l'analyse, à la réflexion, aime comprendre par déduction et comparaison, minutieux, rythme plutôt lent ; type rationnel, studieux, logique, scientifique, méthodique, secondarité, concentration et intériorité, prudent réservé, mais peut aimer la polémique, voire *couper les cheveux en quatre.*

On retrouvera ces personnes dans les métiers de recherche, des sciences, dans l'architecture, les archives, et encore, les techniciens, les informaticiens, les bibliothécaires, les théologiens, les chimistes, les mathématiciens, les ingénieurs, etc.

C'est la main du cérébral, des facultés discursives du théoricien de l'abstraction.

C'est le type saturnien.

Comment peut-on définir une main mixte ?

EXEMPLE : une paume carrée très rebondie et ferme qui serait l'indice d'une représentation feu, accompagnée de doigts plutôt longs, sans être forcément noueux, et qui serait un apport d'air. Cette première constatation indiquerait une nature intérieurement chaleureuse, mais qui s'exprimera avec mesure, après réflexion.

Une main terre (paume carrée) et doigts eau (effilés), sous-entend une personne réaliste qui s'exprime avec tact ou réserve.

Graphisme des quatre typologies classiques de la main :

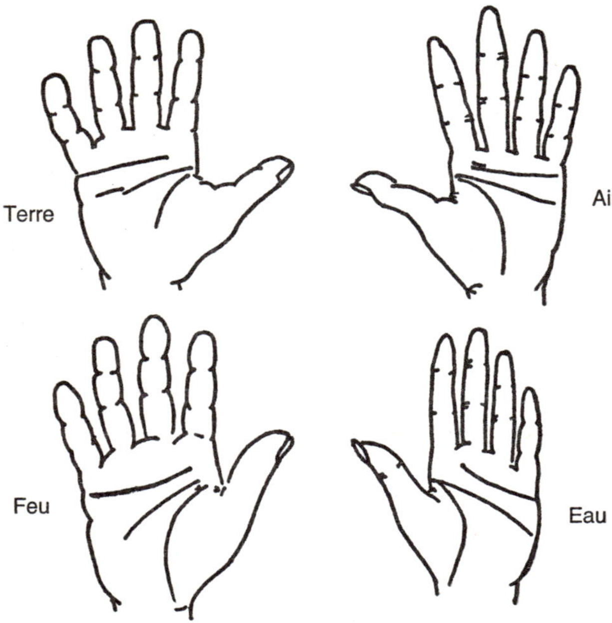

«L'homme ne peut s'accomplir que s'il a une connaissance consentie de sa vie inconsciente».

C. G. Yung

II

CONSISTANCE ET COULEUR DE LA MAIN

Si vous voulez faire une étude des prédispositions de caractère d'une personne, il ne vous faudra pas observer qu'avec les yeux, mais tout autant vous servir du toucher, afin de constater la consistance de la main. Vous la palpez et vous vérifiez si elle est dure, élastique, molle ou flasque.

La main dure résiste à la palpation, vos doigts n'enfoncent pas dans la chair. C'est l'indice d'une personne résistante, tenace, parfois têtue, obstinée, butée. Si la main vous paraît de pierre, il peut y avoir un défaut de communication, peu d'ouverture aux idées d'autrui, on a des certitudes il peut y avoir tendance aux somatisations importantes, (voir l'ensemble de la main, peut être un bon atout dans un contexte un peu faible). Dans la main terre, la pugnacité, l'entêtement peuvent prédominer, tandis qu'avec la configuration eau, il y a soit une maîtrise soit un blocage des émotions.

Nous reverrons tout cela dans les chapitres suivants.

La main élastique est une main souple, sans mollesse, elle rebondit sous la pression des doigts. C'est un apport de bonne santé, d'équilibre, les énergies circulent bien, le caractère a tendance à être accommodant, sans laisser-aller, communicatif et adaptable.

La main molle est souplesse extrême des chairs, on ne sent guère de résistance sous les doigts ; c'est une personne qui a peu de vitalité, qui n'affronte pas les obstacles, se laisse facilement décourager, fatigabilité et asthénie. Entreprend avec difficulté.

La main flasque est une accentuation de la main molle, les chairs sont sans consistance et fuient sous les doigts, impression de gélatine, c'est tout de même une constitution assez rare. Il n'y a aucune vitalité, aucun enthousiasme, sujet apathique, facilement déprimé, ne soutient pas l'effort. Pas d'initiatives, peur des responsabilités, manque de structure. Personne malléable.

La flexibilité de la main : Un autre trait de caractère sera donné par la flexibilité de la main. Il nous faut faire basculer les doigts en arrière en soutenant la paume et nous aurons : Des mains flexibles, des mains très flexibles, des mains raides.

La flexibilité correspond à l'adaptation de l'individu face à la vie, aux autres etc.

La main flexible fait un mouvement souple des doigts en arrière de la paume, sans raideur ni cassure excessive des doigts. C'est le signe d'une personne adaptable qui s'intègre à la société ou à la communauté dans laquelle elle vit, ce qui sous-entend une certaine intelligence, puisque l'on dit que l'adaptation est un critère d'intelligence [1]. Le flexible sait évoluer, composer avec l'extérieur, être diplomate et capable de compromis.

La non flexible le fléchissement reste souple mais léger ; il y a une impression de souplesse mais peu ou pas de mouvement en arrière des doigts. L'adaptation est mesurée, peu de compromis, rigueur, tendance à l'intransigeance, on se réfère à ses certitudes, on a du mal à se remettre en cause.

1. En tout cas de survie. La créature vivante est celle qui a pu s'adapter aux mutations de la matière.

La main très flexible[1] les doigts arrivent en arrière de la paume, parfois à angle droit. Il y a une double possibilité à envisager (Voir l'ensemble de la chirognomonie et surtout le pouce). On peut avoir une forte perméabilité qui va jusqu'à la permissivité, une adaptation lascive, prête à tous les compromis On peut trouver tout autant le génie, l'aptitude créatrice, le savoir-faire, l'opportunité, l'être astucieux, une grande flexibilité et ouverture sur l'extérieur, autant que la capacité ambiguë d'adaptation pour le meilleur ou pour le pire quelle que soit la situation et qui pourrait éventuellement entraîner une dépersonnalisation.

La main raide il n'y a aucune souplesse dans le mouvement arrière. Elle est blindée, ne plie pas. C'est une difficulté d'adaptation, le caractère a tendance à être buté, rigoriste, la personne poursuit ses idées sans partage d'opinions avec autrui. Sans compromis, sans remise en cause, forte intériorisation, conservatisme, solidité des principes, intransigeance. *J'ai raison !*

Sans apport de mouvements, simplement en observant, on trouve des extrémités de doigts qui

1. Typologie que l'on rencontre facilement dans la race jaune.

se retournent à l'extérieur et semblent plonger à rebours naturellement sans les actionner en arrière. Ce sont des personnes confiantes, sincères, un peu naïves, parfois d'une intuition médiumnique, ouvertes vers autrui.

On observera aussi des mains repliées qui se dessinent en coupe, comme pour recueillir de l'eau, en forme de berceau, creusées, crispées, on dirait qu'elles ne peuvent s'ouvrir ou qu'elles s'assimilent à la maladie *Dupuytren*, mais ce n'est pas le cas, c'est un effondrement naturel qui creuse la main. Cette attitude indique une autoprotection excessive liée à des peurs viscérales, inhibition, méfiance, manque d'envergure dû à une nature profondément anxieuse. Parfois éducation qui a été contraignante.

La texture de la peau.

À observer sur le dos de la main.

Peau fine, peau épaisse et rugueuse, peau moyenne. Pilosité. Taches.

Peau fine : sensibilité à fleur de peau, raffinement, délicatesse, tact, sens de l'esthétique, émotions vives, particulièrement dans une main eau, hyperesthésie.

Peau épaisse et rugueuse : « on a le cuir solide ». Personne solide, rustique, qui sait se protéger, parfois rudesse. Aime l'activité physique et volontiers au grand air.

Peau moyenne : la texture n'est ni spécialement fine ou épaisse, c'est un compromis entre la délicatesse et la résistance. Facteur de protection, d'équilibre entre la réception et l'autonomie (bien voir l'ensemble, ne pas se laisser mener par un seul indice).

Sur le dos de la main, surtout à la base du pouce, vous pourrez constater que certaines personnes ont des pores très dilatés, appelés peau grossière [1], ce qui est un signe de flair, de sensitivité la personne hume l'ambiance ou autrui d'instinct etc.. sinon vous avez une peau lisse, où les pores sont resserrés, indice de cérébralité, d'observation.

EXEMPLES :

Peau fine, pores dilatés : sensitivité.
Peau fine, pores resserrés : raffinement.
Peau épaisse, pores dilatés : instinctivité.
Peau épaisse, pores resserrés : flair.

1. Ne pas le prendre dans un sens péjoratif, mais indice d'instinct qui perçoit. Sensitivité.

Pilosité et taches : sur le dos de la main, on trouve parfois une abondance de poils, ce qui est relativement courant sur les mains masculines, et que l'on retrouve parfois chez les femmes. C'est un apport d'hormones mâles dont certaines femmes sont aussi porteuses. C'est un signe de virilité, de force sensorielle, voire de robustesse.

Sur le dos, certaines mains sont parsemées des taches jaunâtres ou brunes. C'est un signe de dégénérescence, de faiblesses du métabolisme chez les personnes jeunes ou matures. Cela est plus ordinaire, chez les gens âgés où il y a banalement une diminution du potentiel énergétique. C'est un signe de vieillissement. Dans le langage populaire on les appelle lugubrement des « fleurs de cimetière ».

La température

Main chaude, tempérament expansif, enthousiaste, indice de bonne circulation sanguine, fluide énergétique.

Main froide, nature sélective, réservée, circulation sanguine défectueuse, surtout si la main est violacée et la couleur du sang bleuté.

Main humide, (voir si permanent ou occasionnel) elle indique un être émotif et parfois des problèmes thyroïdiens [1].

Main sèche, réserve, on domine ses émotions, signe de cérébralité

La couleur du sang

Écartez les lignes de la main pour constater la couleur. Elle vous renseignera sur le tempérament et les dispositions de santé. Observez aussi la couleur des ongles (voir dans les chapitres suivants) :

Sang rouge, c'est celui du sanguin. Bonne vitalité, combativité, audace, décision, emportement, élan, parfois excitabilité, intensité dans tous les domaines. Prédisposition à l'hypertension artérielle, aux problèmes cardiaques.

Sang rosé, bonne vitalité, équilibre général, optimisme, sociabilité, bonne circulation sanguine.

1. Bien demander si c'est un état habituel, alors seulement vous pourrez donner un sens, car le seul fait de se faire explorer la main peut déclencher une sudation de celle-ci, mais pas forcément d'état, mais simplement l'expression d'une émotion ponctuelle.

Sang bleuâtre, c'est la couleur du citadin. C'est une mauvaise circulation donnée par la respiration d'un air pollué. Besoin de s'oxygéner. On peut trouver cette couleur chez les fumeurs. Mais il se peut que l'on ait un sang bleu sans fumer ni être citadin. C'est alors l'indice d'une personne qui ressent moralement un sentiment étouffant.

Elle se sent freinée et retenue dans ses initiatives, ses expressions de vie. Tendance aux problèmes cardio-vasculaires si ongles courts ou mi-courts, problèmes respiratoires si ongles longs et étroits.

Sang jaunâtre, excès de bile dans le sang, surcharges toxiniques, mauvais filtrage du sang, insuffisance hépatique. Quelquefois état passager avec la prise de certains médicaments, notamment les antibiotiques qui surchargent le foie.

Sinon c'est un signe d'irritabilité, d'insatisfaction, de pessimisme avec tendance hypocondriaque. Parfois état migraineux, voire nature rhumatisante si doigts noueux.

Sang blanc, tempérament lymphatique, manque de vitalité, sujet nonchalant, rythme lent, peu d'émotion, peu d'enthousiasme, accentue le manque de tonus si la main est boudinée [1], molle

1. Ne pas confondre avec la main feu qui est rebondie, mais ferme, élastique souvent colorée.

c'est la marque d'une sensorialité lascive ; si la main est striée de lignes c'est l'indice d'une nervosité intériorisée sous des traits flegmatiques. Rumination. Difficultés à réagir.

QUELQUES EXEMPLES PRATIQUES DES RÉSUMÉS PRÉCÉDENTS

Main terre : consistance élastique, non flexible, sang rouge, texture moyenne, pores dilatés, température chaude, sèche :

— Personne pratique, concrète, bonne vitalité, qui ne s'adapte pas systématiquement aux circonstances, peut s'emporter ; plus de sensitivité que de sensibilité, de l'énergie, et aussi de la réserve.

Main feu : consistance dure, flexible, sang rosé, texture fine, pores resserrés, température chaude, humide.

— Personne sentimentale qui ne se laisse pas influencer, cependant adaptable, bonne vitalité, raffinée, de l'énergie, émotivité dominée par un apport cérébral.

Main eau : consistance élastique, raideur, sang bleuté, texture fine, pores dilatés, température froide.

— Importance du psychisme, bonne vitalité,

refuse tous compromis, contrainte, sensitivité retenue.

Main air : consistance dure, non flexible, sang jaunâtre, texture fine, resserrée, main sèche.

— Cérébralité dominante. Énergie un peu butée, certitude des idées besoin de systèmes, de classifications, de méthodes pour développer sa compréhension, nature inquiète, personne sélective, rationnelle. Tendance aux troubles hépatiques.

Avant de clore ce chapitre, rappelons encore qu'une poignée de main, si elle a une pression particulière, nous pourrons lui donner un sens : molle, ferme ou écrasante.

— Molle : manque d'énergie, indifférence.

— Ferme : affirmation, énergie bien gérée.

— Écrasante : domination, peu à l'écoute d'autrui, énergie.

«Je suis Toi et Tu es Moi»[1]

Jean Paul Neihardt

III

LA PAUME

On pourrait comparer la main à un arbre ou encore à une maison, dont la paume serait les racines de l'arbre ou les fondations d'une maison. C'est dire qu'elle est l'alimentation, le support de l'ensemble.

Son observation sera donc essentielle en tant que force basale de l'individu. C'est le champ de l'inconscient qui soutient l'assise de la personne. Nous allons retrouver les paramètres liés aux différentes formes de main : la paume large, la paume étroite.

La paume puissante est la paume large, ferme ou souple, à surface carrée. Elle indique une constitution solide. C'est le signe d'un tempérament qui puise aux sources de ses valeurs viscérales, senso-

1. Phrase insérée dans l'ouvrage de Raymond de Mallie «le sixième Grand-père». L'intention de cette parole est d'exprimer l'union de l'Être palpable à l'Être invisible, de l'homme de chair à l'homme spirituel.

rielles. Elle est un élément de vitalité, de tonus, de concrétisation, de stabilité.

La paume frêle se définit comme une paume étroite, molle, blanche et moite, parfois hyperflexible. Elle souligne une fragilité physique et peut indiquer un psychisme délicat, (voir l'ensemble, entre autre le pouce qui peut corriger ou dominer certaines faiblesses de constitution).

Dans la paume on découvre des creux, des éminences qui ont tous un sens qui nous allons étudier.

Le premier renflement à constater est ce que l'on appelle l'éminence thénar ou mont de vénus qui est, en quelque sorte, la racine du pouce (voir le graphisme).

Cette éminence thénar représente la réserve d'énergie de l'individu. Elle est indicatrice de plus ou moins de sensorialité, d'intinctivité, d'appétit de vivre ; elle peut être un facteur de créativité, si l'ensemble de la main permet de le dire.

L'éminence thénar développée[1] va intensifier la réserve de vitalité, la sensorialité, elle peut laisser entendre une forte sexualité ; (on la trouve volontiers dans les mains feu). Elle indique une

1. Certaines sont particulièrement en relief et constituent une saillie qui va renfler toute la main. C'est aussi une marque de gourmandise, d'épicurisme.

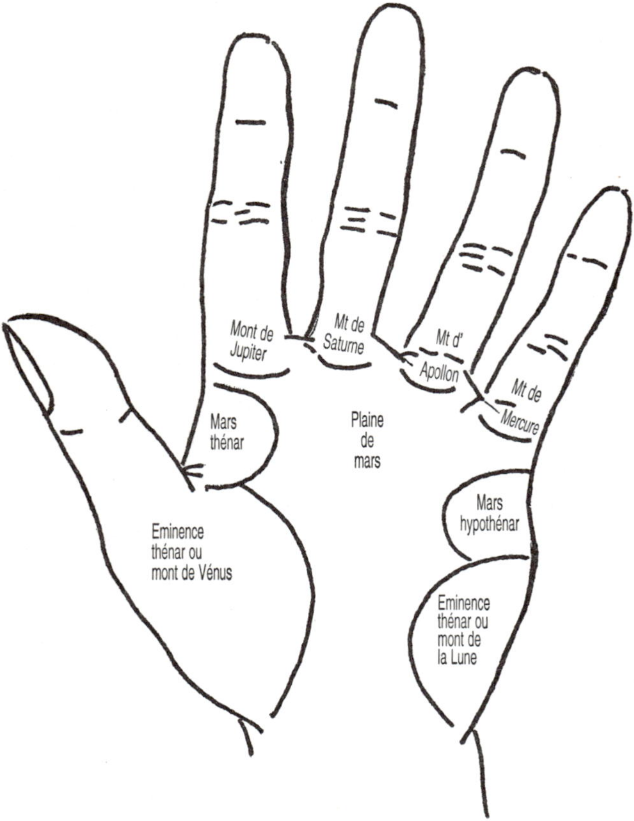

possible créativité, (surtout avec les doigts spatulés) et dans le sens de la typologie de la main. Elle accentue l'instinctivité avec les doigts courts et le sang rouge. C'est toujours un indice de sensorialité et de sexualité importantes.

L'éminence thénar plate ou de faible développement, diminue la sensorialité, pulsions instinctuelles mesurées. Peut aider à compenser sur un plan intellectuel.

L'éminence thénar moyenne est modération entre éminence bombée et plate.

La plaine de mars c'est le creux de la main. Première distribution de la vitalité de l'éminence thénar (mont de Vénus). Elle peut être plate ou creuse (parfois bombée mais rarement).

— Plate : l'énergie est rapidement diffusée, les réactions sont directes, le potentiel d'énergie est complètement utilisé et peut être un facteur de confiance en soi.

— Creuse : intériorisation de la première pulsion, il y a de la retenue, de la pudeur ou de la crainte, frein au niveau de l'inconscient. Se rencontre souvent dans les éducations rigides (ou vécues comme telles). Inhibition au niveau du non-conscient [1]. Si très creusée, peut indiquer une fragilité intestinale, entraîner de l'hyperesthésie, base aussi d'une timidité viscérale qu'éventuel-

1. Toute la représentation de la paume se situe au niveau de l'inconscient. L'inconscient plus vaste que le conscient est le fondement de l'être, comme la paume est le fondement de la main.

lement le pouce pourra intégrer dans la personnalité.

— Bombée : il y a une intensité de l'émission de la pulsion, le gonflement d'une force basale qui peut donner une inflation dans l'expression de la personne, une confiance en soi que peut dépasser sa réalité.

Les mars : thénar et hypothénar

Mars thénar se trouve au-dessus du mont de Vénus, à l'angle du pouce.

S'il est proéminent il définit une personne combative qui impose ses désirs, ses ambitions, attitude de conquête, de compétition, extériorisation de ses défenses et parfois agressivité.

Mars thénar effacé c'est une personne peu offensive, peu agressive, mesurée.

Mars hypothénar fait face au mars thénar sur le tranchant de la main. Il est la réserve de l'énergie. Il cumule la force qui sera employée par mars thénar.

Mars hypothénar bombé indique une force permanente en réserve. Les greniers de l'énergie sont bien remplis. Il soutient la dépense des forces du mars thénar. Il aide à la continuité du comportement dans son expression et la tenue de l'énergie. Lorsqu'il est important (bombé), on peut dire que l'énergie ne s'épuise pas, ne cède pas à la fatigue. Il y a, en quelque sorte, une force intérieure.

La comparaison de la distribution des énergies entre mars thénar et hypothénar est intéressante. Car si mars thénar est très développé au détriment de l'hypothénar, il y a usure rapide d'énergie, sans que celle-ci ait le temps d'être reconstruite « coups de pompe fréquents » ; on ne va pas facilement au bout de ses entreprises si celles-ci demandent trop de dépenses d'énergie, les réserves sont épuisées avant la fin de l'effort. Découragement rapide. Besoin d'un temps d'arrêt avant de reconstruire ses forces. C'est souvent dans cette configuration là, qu'il y a des tendances à l'agressivité.

Si les deux mars sont équilibrés (bombés ou pas). Il y a un circuit fluide des énergies qui harmonisent et stabilisent le comportement.

Si mars hypothénar domine le thénar, il n'y a certes pas d'épuisement, mais l'énergie n'est pas toute utilisée. Les greniers restent toujours pleins. Peut renforcer l'intériorité de la personne.

L'éminence hypothénar ou mont de la Lune

Elle se situe tout au bas de la main, sous le mars hypothénar, face à l'éminence thénar ou mont de Vénus (voir le schéma).

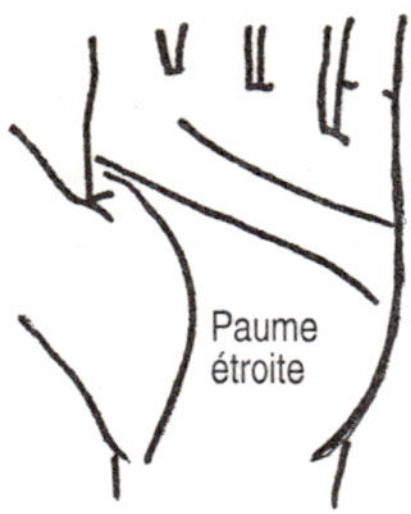

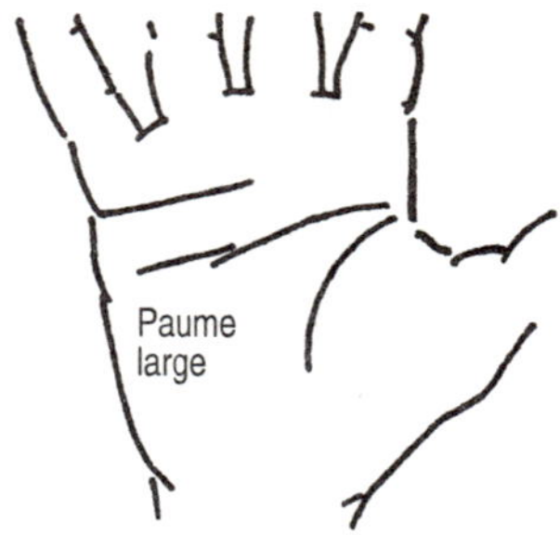

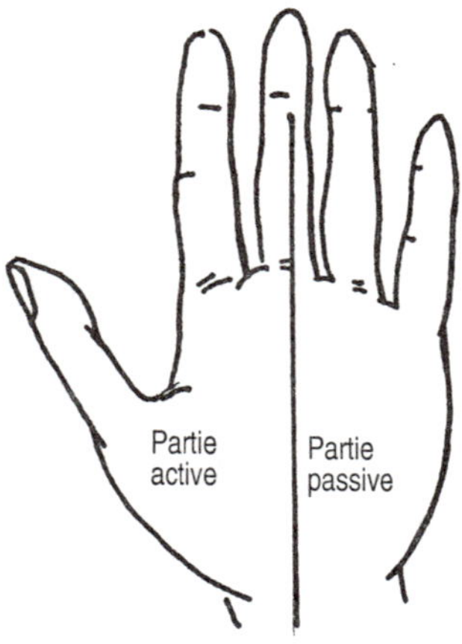

C'est l'expression du monde onirique où gît l'imagination, les rêves éveillés, la vie fantasmatique, l'évasion du quotidien, des nécessités pratiques. Elle favorise ou pas (selon son volume) l'intériorité, la mémoire du souvenir, l'imagination, le vagabondage de l'esprit. Peut développer l'intuition, la créativité par l'inspiration, les valeurs mystiques, l'écoute du subconscient. On peut imaginer qu'un médium doit avoir une éminence hypothénar importante (mais là encore, voir plusieurs paramètres, notamment la ligne de tête).

Dans une main mal structurée, notamment molle, peut exprimer une attitude passive face à la vie. *Rêver sa vie plutôt que vivre ses rêves.*

L'éminence hypothénar développée. Importance du monde onirique. Refuge dans l'imagination. C'est un apport d'intériorité[1] peut être source de création, si l'ensemble de la main l'exprime, imagination créatrice. Si la main est déstructurée, c'est une perte de la pensée dans l'irréel ou l'imagination refuge où l'on s'évade parfois d'un mal-être. Lorsque les deux éminences thénar et hypothénar sont proéminentes c'est l'indice d'un imaginaire érotique (souvent dans les mains feu). Imagination plus cérébralisée, si l'éminence thénar est faible, par rapport à l'hypothénar.

Éminence faible : On ne s'attarde pas dans l'imaginaire et l'on va tout de suite au quotidien ou sens pratique.

1. On pourrait tracer une ligne imaginaire longitudinale au milieu de la paume ; tous les monts qui se trouvent du côté du pouce expriment une valeur dynamique qui s'extériorise et tout ce qui se dessine de l'autre côté de cette ligne a un rôle de contenance, une valeur statique, intériorisée.

Les monts sous les doigts. C'est la partie la plus haute de la paume, la plus proche du conscient. On peut déjà dire que des monts développés sont un indice d'affectivité. On communique, on échange avec autrui essentiellement à travers ses sentiments. Développent la subjectivité. Les monts ne sont pas forcément réguliers, certains peuvent être plus importants que d'autres. Il y aura alors, intensification du sens du doigt. Ainsi, le doigt de Jupiter (l'index) qui possède un mont charnu, va renforcer ses prédispositions qui sont la sociabilité, l'ambition sociale etc..

En résumé, on peut dire que le développement des monts sous les doigts est signe d'affectivité, de chaleur dans les contacts humains ; on les découvre assez naturellement dans les mains feu. Leur absence ou leur faiblesse laisse entendre plus de sélectivité, de réserve, de pudeur ou de froideur dans l'expression des sentiments, cérébralité. Plus de disposition à l'objectivité, cette configuration se trouve facilement dans les mains air.

EXERCICES D'INTERPRÉTATION

Main terre, consistance élastique, flexibilité moyenne, sang rosé, pores dilatés, éminence thénar importante, plaine de mars creuse mars thénar et hypothénar équilibrés, éminence hypothénar développée, monts des doigts moyens.

Interprétation : nous aurons une personne pratique, active, bonne adaptation et vitalité, flair, sensorialité, mais un fond d'inhibition[1] (plaine de mars creuse). Équilibre de l'utilisation des énergies (les mars). Imagination mise au service d'une activité pratique artisanale, où l'imagination peut s'exprimer dans une création.

Main feu, consistance ferme, non flexible, sang rouge, texture fine, éminence thénar importante, plaine de mars plate, mars thénar développé, mars hypothénar plus faible que mars thénar. Éminence hypothénar bombée, monts des doigts proéminents.

Interprétation : nature sentimentale, sensorielle, bonne vitalité, adaptation mesurée, peut s'emporter, se passionner ; un certain raffinement (texture). Imagination érotique (les éminences). Énergie pas toujours récupérée (les mars). Personne affectueuse, chaleureuse, épicurienne, besoin d'échanges, peut avoir des attitudes possessives, montrer de l'exubérance. Métiers de contacts.

1. Ce qui n'est pas forcément négatif, surtout que nous avons de la sensorialité avec l'éminence thénar importante.

Mains eau, avec une consistance dure, sans flexibilité, légèrement repliée à l'intérieur. Sang bleuâtre. Texture fine, non dilatée. Main froide. Éminence thénar faible, plaine de mars creuse. Mars thénar faible. Mars hypothénar bombé. Éminence hypothénar développée.

Interprétation : intériorisation douloureuse d'une sensibilité vive qui se protège. Tendance à se recroqueviller dans sa tour d'ivoire. Personne sélective, forte intériorité, peu de sensorialité, mais monde onirique important où l'on compense ce que l'on ne peut exprimer et le manque d'aisance dans les contacts. Peu de combativité et d'ambition. Ténacité malgré tout (mars hypothénar bombé). Vie intérieure qui peut être riche. Attitude réservée, de contrainte. Capacité de résistance ou d'entêtement qui pourrait surprendre (mars hypothénar développé). Mauvaise circulation sanguine liée à une respiration courte (sang bleuâtre dans ce contexte). Région intestinale vulnérable (plaine de mars creuse).

Se dirigera vers des métiers solitaires ou fonctionnaires.

Main air avec consistance molle. Peu flexible. Sang jaunâtre. Peau fine Éminence thénar faible. Plaine de mars plate. Mars thénar important. Mars hypothénar effacé. Éminence hypothénar moyenne. Monts des doigts plats.

Interprétation : tempérament lymphatique, cérébral, peu d'enthousiasme, anxiété. Vitalité très moyenne, peu de résistance, fatigabilité. Défend néanmoins ses idées avec force, peut polémiquer (mars thénar important dans main air). Pas de sentimentalité. On peut se sentir à l'aise dans les métiers de recherche, de théoriciens.

«Les tables de l'initiation sont aussi dans le corps humain...»

«Faire le tour du corps humain et trouver le cours des Univers...»

Yaunous Emré
(poète turc du XIIIe siècle)

IV

LES DOIGTS

Au chapitre précédent on a comparé la main à un arbre ou une maison dont la paume serait les racines ; on peut dire alors que les doigts sont les branches et la floraison ou encore la façade. La paume est la partie passive, le champ de l'inconscient, les doigts sont la mobilité, la préhension, la sociabilité, la capacité d'affirmation vis à vis de l'extérieur. Peu d'animaux ont des doigts. On peut dire que les doigts sont la partie qui civilise l'homme, lui permettant d'animer la main, la subtilité et le raffinement de son savoir-faire. Ils seront représentatifs de l'extériorité de la personne, de ses contacts avec autrui, de sa capacité de vivre et de développer sa vie sociale. Le doigt manipule[1], compose, crée. Il est agile par définition.

1. Verbe qui vient du mot main.

Les doigts

Chaque doigt a un sens qui lui est propre. Cependant on peut déjà faire une première classification binaire : les doigts développés et les doigts frêles. Bien sûr, il faudra les évaluer en proportion de l'ensemble de la main, la paume surtout.

Les doigts développés présentent un certain volume, une certaine épaisseur, certains sont longs, d'autres pas. Ce sont des personnes qui s'affirment avec aisance dans leur vie sociale, ils communiquent facilement, ils ont une capacité d'expression. C'est une marque d'extraversion.

Les doigts frêles, ce sont des doigts menus, minces, pas forcément courts, mais peu d'épaisseur. Ils donnent une impression de fragilité (mais, voir le pouce qui n'est pas obligatoirement du même acabit, et qui peut suppléer à cet aspect de fragilité).

On les trouve assez fréquemment dans les mains eau et féminines. Ce sont des personnes plutôt effacées, voire timides. Elles sont réservées, elles écoutent plus qu'elles ne parlent, cela peut développer leur vie intérieure ou encore se sentir incomprises. Elles aiment être devinées plutôt que s'imposer.

Autre classification :

Les doigts longs.
Les doigts courts.

Les doigts longs définissent de la cérébralité, de la réflexion de l'observation, les décisions sont prises après mûres réflexions, le rythme a tendance à être lent, ce sont des personnes prudentes, minutieuses, précises, qui aiment les descriptions détaillées, esprit d'analyse, de déduction, élaboration des idées, c'est une marque de secondarité. On les trouvera plus particulièrement dans les mains air et eau.

Les doigts courts ce sont des personnes instinctives, rapides dans leurs réactions, spontanées, chaleureuses, affectives, sentimentales. Elles sont démonstratives, prennent rapidement leurs décisions. Ont un esprit de synthèse, de l'intuition. Parfois précipitation dans leurs actes et leurs réflexions. Elles n'aiment pas les discussions longues. Elles sont directes et vont droit au but. Cela peut aller de l'impatience à l'impulsivité, voire l'agressivité si mars thénar est particulièrement important et surtout si le pouce a une forme en bille (voir chapitre sur le pouce). Soulignons que nous pouvons observer dans une même main, des doigts courts et un pouce long et inversement, ce qui complexifie[1] encore la personnalité. Les

1. La complexité ne veut pas dire négativité. Parfois c'est même le contraire, ce peut être un enrichissement de la personnalité, si ces expressions diverses sont vécues dans l'unité de l'individu.

doigts courts sous-entendent encore une assimilation rapide, pas d'arrières pensées, primarité, instinctivité, aident à l'intuition. On les trouve souvent dans les mains terre et feu. Nous pourrions souligner les doigts moyens, ni longs ni courts. Nous interpréterons donc un équilibre entre cérébralité et affectivité, déduction et conclusion, analyse et synthèse, etc.

Nous avons tendance à définir les extrêmes, mais n'oublions pas qu'il y a des aspects médians qui ne soulignent aucune particularité, et expriment une part des deux significations.

Retenons encore, que dans son état naturel la paume est toujours plus longue que les doigts. Ceux-ci représentent, environ, 8/10e de la longueur de la paume, en dessous de cette moyenne, ils seront qualifiés de courts, au-dessus de longs.

On se base sur le médius qui est, dans son principe, le doigt le plus grand. Cependant ne vous cassez pas trop la tête avec ce genre de mesure. Votre appréciation visuelle s'éduquera tout aussi vite et bien.

Il vous faudra regarder beaucoup de mains pour vous habituer à toutes ces différences, ce sera un bon exercice pratique. Prenez déjà des repaires simples. Dans toute composition de longueur, l'énergie a plus ou moins un long chemin à parcourir.

— Longueur marquante suggère donc lenteur et mûrissement.

— Longueur réduite : rapidité, instinct.

— Largueur importante : solidité, pragmatisme

— Étroitesse : fragilité, délicatesse.

Vous découvrirez encore des doigts lisses et des doigts noueux.

Doigts lisses : leur forme est droite (lisse comme l'indique leur qualification) c'est un facteur de rapidité (l'énergie passe sans trouver d'arrêt) cet aspect aide à l'intuition, à la spontanéité, etc.

Doigts noueux : l'énergie est retenue. Ils apportent une réflexion, on cogite plus facilement que dans la forme lisse. C'est sans doute pour cette raison qu'on les a qualifiés de «*nœuds philosophiques*» mais cette appellation est nettement exagérée.

Retenons encore que les doigts bien en chair (et surtout si ce sont des doigts courts) sont un signe de sensorialité, de bon vivant. Cependant, ne pas confondre avec des doigts boudinés qui sont dans un ensemble mou, flasque, et parfois désarticulés, surtout avec une phalange lourde et molle à la base du doigt, ce serait alors le signe d'une nature lymphatique, lascive, dans la recherche d'un confort matériel avec des possibilités boulimiques, apathiques et d'indifférence. Tandis que les doigts secs et noueux annoncent des natures plus tourmentées, souvent d'une sensibilité inquiète et facilement cérébralisée. Jean Cocteau avait ce type de doigts très particulier. L'ensemble de la main était longiligne, étroite, pleine d'angles (main eau-air). Elle était superbe d'originalité, de sensibilité et de tourments.

Autant lorsque la première phalange (la base du doigt) est lourde, donnant une impression de tas, est un indice de forte sensorialité, d'abandon au confort, cette même phalange pincée, étroite, signe l'ascète, la frugalité, peu d'attrait vers le matériel. Vous trouverez tout autant des phalanges sans particularité, sans excès de largeur, sans excès de pincement et qui constituent cette moyenne dont nous avons parlé plus haut. Ni boulimie soulignée, ni ascétisme confirmé, mais un juste état entre deux manières d'être. Nous classerons encore les doigts dans l'apparence de leur extrémité, dans les formes les plus courantes : carrées, spatulées, coniques, pointues, rondes.

Doigts carrés : symétrie de la forme, la base et l'extrémité présentent une continuité de la ligne et de la largeur, et la terminaison du doigt est nettement carrée (voir les graphismes). Nous aurons une personne méthodique, organisée, réaliste, sensée, habile, peut inclure des qualités manuelles surtout dans une main terre ou feu. Régulateur des idées et des émotions dans des paramètres air et eau.

Doigts spatulés : ils s'évasent au niveau de la phalangette (bout des doigts), voir schéma. Ce sont les doigts d'une personne pleine d'énergie, entreprenante, hardie, audacieuse, dynamique, voire exubérante. Tempérament viril, de l'autorité. Créativité, surtout avec une éminence thénar (mont de vénus) développée. C'est encore une marque d'originalité, d'enthousiasme, sens pratique. Individu entreprenant et réalisateur.

Doigts coniques : le doigt est fuselé, il s'amincit aux extrémités. Le sujet est sensible et intuitif, peut souligner une fragilité si la main est faible (voir consistance, flexibilité, couleur, etc...). Réceptivité, états d'âme. Nature rêveuse, poète, parfois idéaliste ou utopique. Peut avoir des dispositions artistiques, souvent susceptible. Constitutions féminines (surtout avec main eau ce qui est presque toujours le cas). Peut être une marque péjorative dans une main masculine. Pourrait s'exprimer alors dans une création artistique.

Doigts pointus : accentuation du conique, le bout du doigt se termine en aiguille et accroît les dispositions de doigt conique Se trouve surtout dans les mains eau, plus rarement dans les autres éléments. Les «*pointus*» sont des écorchés vifs, parfois des visionnaires ou des illuminés, (voir le

Les doigts

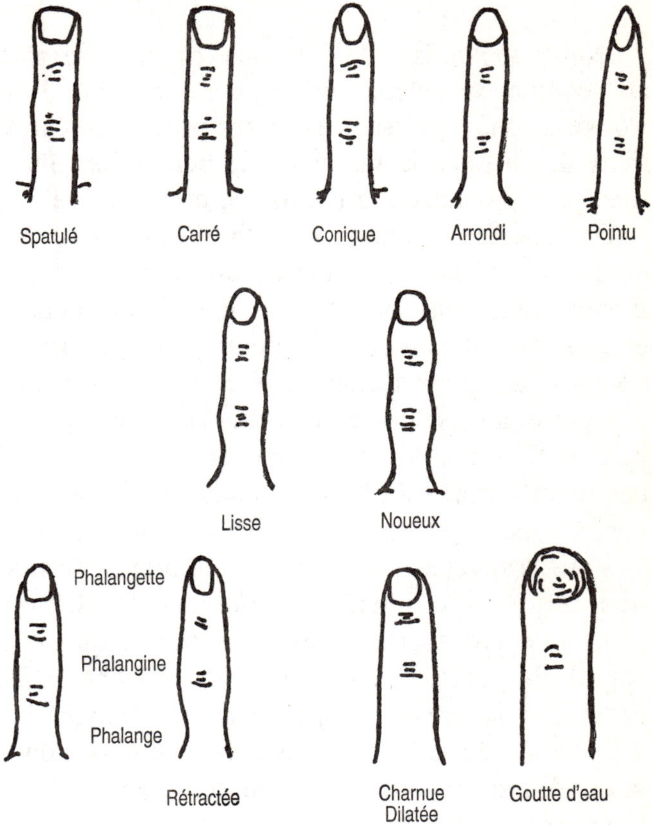

pouce), dominance du monde émotionnel, onirique si l'éminence hypothénar (mont de la lune) est importante. Fort rare dans les mains masculines alors que l'on peut trouver des « *coniques* » dans des mains d'homme.

Doigts arrondis : la forme de doigt ressemble au schéma du carré, sauf qu'à l'extrémité il se trouve arrondi, son sens est assez proche du carré, mais il y a plus de fantaisie, de perception intuitive, peut ajouter de la bonhomie au caractère

On pourra constater que la terminaison des doigts n'est pas forcément uniforme dans une même main. Ainsi, on pourra trouver un auriculaire et un annulaire carrés, un majeur spatulé, un index conique. On pourra alors différencier des états de comportement selon le sens du doigt. Mais vous pouvez faire une analyse d'ensemble en dépassant des détails trop subtils qui risquent de vous faire perdre l'essentiel, surtout en tant que débutants.

Vous trouverez encore une particularité singulière cette fois à l'intérieur du doigt (voir schéma). C'est une protubérance aux extrémités, que l'on appelle la goutte d'eau, véritable petite boule de chair, qui là aussi, n'apparaît pas forcément sur tous les doigts d'une même main. Leur présence indique une personne qui a le sens tactile développé et qui aime le toucher de certaines matières, comme le tissu, la fourrure, le bois, etc. Voire parfois une intuition ou sensation par le contact.

On donne également une interprétation aux doigts chargés de bagues. Vous trouverez le sens de chacun dans le chapitre suivant. Cependant, gardez l'enseignement des bagues avec une appréciation mesurée. On peut déjà dire qu'une main qui porterait de grosses bagues à chaque doigt, pourrait être une forme d'exhibition. Explicite notamment sur le pouce qui soulignerait une disposition narcissique.

Retenir essentiellement que les doigts correspondent à l'adaptation et l'affirmation sociales, à l'attitude extérieure, à sa capacité de communication. Ils présentent l'individu socialement, qui n'est pas toujours l'être profond (voir la paume).

Pour ceux qui s'intéressent au symbolisme du tarot, rappelons que l'arcane XI, *« la Force »*, correspond à la paume, et les doigts à l'arcane X, *« la Roue de la Fortune »*, la main en tant que mouvement. *« la Force »* représentée par une femme signifie la force intérieure, basique, le bloc de résistance, présent et passif. Tandis que *« la roue de Fortune »* est mobile, elle représente le mouvement, ce qui bouge, change, *la manipulation.* Disons encore qu'on ne peut exprimer la force physique que par l'impulsion de la paume, (par exemple en poussant un objet lourd) alors que cela n'est guère possible du bout des doigts [1].

La poignée de main peut être une observation parmi d'autres.

1. Un symbole s'intègre mieux dans la compréhension lorsque l'on peut le raccorder à une image donnant un sens concret.

Lorsque la pression est molle c'est un signe de faiblesse, manque de vitalité, d'enthousiasme, de découragement permanent. Difficulté à prendre des initiatives, à aller de l'avant, etc.

Le serrement pressant qui vous broie la main est une attitude simpliste, voire incorrecte, de besoin de s'imposer, de dominer l'autre.

La poignée de main ni molle, ni dure est la normalité qui est un signe d'équilibre.

« Toutes paroles écrites se trouvent dans le corps humain »

Younous Emréé
(poète turc du XIIIe siècle).

V

DE L'INDEX À L'AURICULAIRE

L'index en chirologie est aussi appelé le doigt de Jupiter. L'index est le doigt qui indique, désigne, apostrophe, c'est celui qui fait partie de la préhension avec le pouce, avec celui-ci c'est le doigt le plus mobile. Chez les Dogons (*tribu africaine*) il était appelé *le maître de la parole*. Chez nous c'est instinctivement celui qui se dresse lorsqu'on demande la parole. L'enfant qui veut être entendu par son maître exprime sa demande en levant l'index. Bien des gestes naturels sont animés par des plans subtils.

Jupiter représente la communication, la facilité, ou pas, de s'insérer dans la société. L'autorité, l'affirmation, l'échange avec les autres. Son besoin et sa collaboration avec autrui dans le sens de participation avec l'extérieur. Il est aussi le doigt de l'ambition, le désir de se distinguer dans le monde extérieur. Cet état prendra de l'importance selon la dimension du doigt (doigt long, doigt court). Pour cela il nous faudra faire la comparaison de grandeur entre l'index et l'annulaire. Notre observation se fera alors sur le dos de la main. Si l'index est plus long, les ambitions sociales l'imprégnation d'autrui dominent l'individu, si c'est l'annulaire, c'est l'intériorité de la personne qui l'emporte. Le premier a plus d'aplomb, d'extériorité, le second est plus effacé, plus à l'écoute de ses propres références.

Toujours les uns par rapport aux autres l'observation doit se faire à l'intérieur de la paume pour l'implantation, et à l'extérieur pour la dimension des doigts (comparaison). Observez que les doigts sont plus ou moins implantés haut ou bas dans la paume, afin de juger de la longueur. On aura des Jupiter longs et des courts (voir schéma).

L'implantation ou insertion haute est un signe de spontanéité, la basse est plus réservée, contact avec l'autre moins confiant ou plus réfléchi.

Un Jupiter long est un signe d'autorité, d'affirmation sociale, un rejet de la solitude, surtout dans une main feu. C'est un indice d'ambition, de commandement, on aime jouer un rôle social, on s'impose, surtout si le pouce est puissant et peut être tout autant une marque d'aplomb que de dignité.

De l'index à l'auriculaire

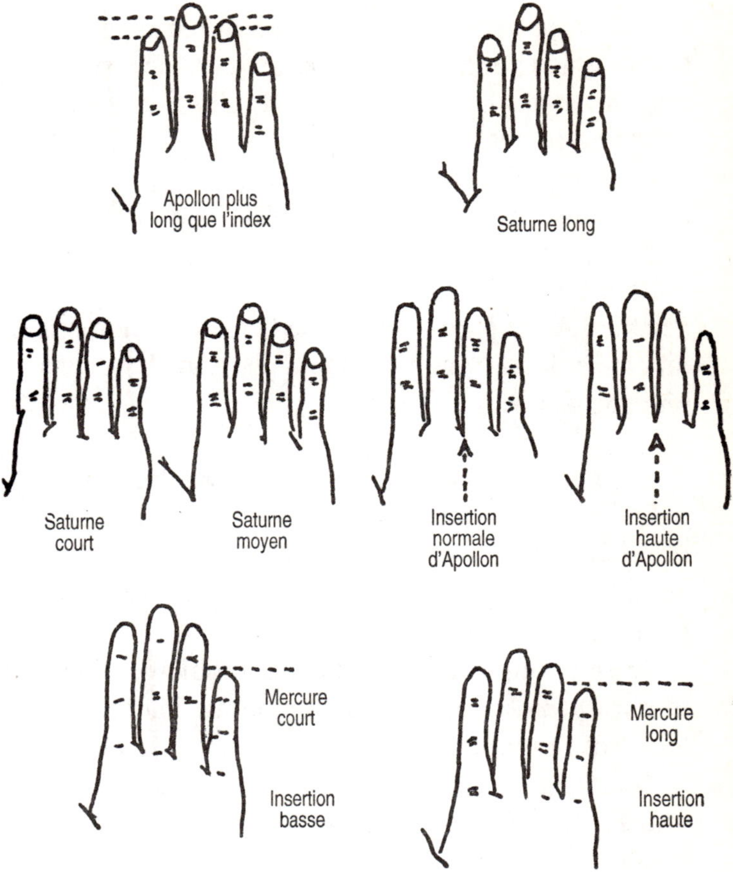

Un Jupiter court. On s'insère plus difficilement dans la vie sociale, la communauté, parfois timidité. Certains préfèrent la solitude et quelquefois communiquent plus volontiers avec les animaux.

On développe peu d'ambition, retrait par rapport à l'extérieur. Comme dans tous les cas, un Jupiter moyen est un compromis, un équilibre entre les deux extrémités.

La norme de l'index est fixée à la moitié de la phalangette du médius. Il est court lorsqu'il est en dessous, long quand il est au-dessus.

Pour déterminer la dimension des doigts regardez bien sur la partie dorsale de la main, et non pas du côté palmaire (voir le graphisme dans les pages précédentes).

Organes régis par Jupiter : le tube digestif, le foie, estomac ou système respiratoire, la gorge, (Pour délimiter il faudra étudier les ongles mais aussi tenir compte de la typologie de la main et de la couleur du sang).

Terre et feu seront plus liés au problème digestif surtout avec sang jaune. Eau et air, plutôt système respiratoire, notamment avec sang bleuté.

Tendance apoplectique avec un ongle court et rouge. Arthritique et goutteux avec un doigt noueux et système respiratoire ongle hippocratique (ongle rond).

Une bague sur le doigt de Jupiter marque le besoin d'être reconnu, d'avoir de l'autorité sur autrui. Peut être tout autant une compensation à un sentiment d'infériorité, si Jupiter est court qu'une marque d'orgueil. Le besoin d'être reconnu dans un rôle, etc.

Avant d'aborder la signification des doigts, un aperçu sur les phalanges qui se divisent en trois parties (voir dessin) : phalanges, phalangines, phalangettes.

La phalange est la partie basse du doigt, celle qui sort de la paume. La phalangine est la seconde articulation, la phalangette est la troisième articulation qui va jusqu'au bout du doigt. On observera des trois phalanges, s'il y a une dominante. Ce qui peut vous donner encore une information.

Retenons que dans le schéma normal, la phalange est naturellement plus grande que la phalangine et la phalangine est plus importante que la phalangette.

Il est vrai que le meilleur exercice ce sera d'observer beaucoup de mains afin de vous familiariser avec tous ces paramètres. Au début évitez de donner des informations trop hâtives. Plus vous verrez de mains, plus vous aurez de différences et de singularités. Toutes les mains n'ont pas de singularités. La particularité apporte à l'individu une originalité ; un ensemble classique souligne un équilibre de l'énergie et de sa diffusion, il y a moins de qualification. Ceci dit, définissons le sens des phalanges [1].

1. On pourrait définir le sens trinitaire dans les trois phalanges. Phalange le corps, phalangine l'âme, phalangette l'esprit.

La phalange : si elle est dominante par sa longueur et son épaisseur c'est un signe sensoriel, elle valorise le monde épicurien. Bon vivant, voire tournure matérialiste, si l'ensemble va dans ce sens. On peut avoir des différences de développement à chaque doigt et tout autant dans les trois parties des phalanges.

La phalangine : indique le monde pratique, intermédiaire entre la matière et l'esprit. Elle préfigure le monde concret, réaliste, le bon sens. On la juge dominante par sa longueur.

Bien se rappeler la hiérarchie des dimensions, voir ce que nous avons dit à ce sujet. Et observer sur le dos de la main, en la pliant légèrement vers l'intérieur de la paume.

La phalangette : c'est le monde de l'esprit, de la pensée, des théories. Le bout des doigts c'est la finalité physique de la main que prolonge l'éthérique, de ce qui dépasse, au-delà de soi ; le contact avec l'espace, une phalangette importante se voit par sa longueur par rapport aux autres. Elle peut être un développement de la pensée, des dispositions pour l'abstraction ou une envolée vers l'irréalité (voir l'ensemble). Ne pas oublier, et ici c'est important, le bout de doigt carré, spatulé, conique, etc., qui est encore plus explicite.

La phalange de l'index : une phalange pincée est plutôt exceptionnelle et désignerait une personne privée de sensorialité, voire un manque d'appétit de vivre, éventuellement on pourrait trouver cette configuration chez un grand ascète (encore que, on peut se poser la question, si un grand ascète ne doit pas avoir un appétit de vivre).

La phalange bien en chair (très courante, même si les phalanges des autres sont plus fines) est un signe d'épicurisme, de sensorialité ou tout au moins d'aptitude à s'ouvrir aux sensations, au monde sensitif.

Si elle ne représente ni pincement, ni gonflement, elle est un juste milieu entre l'ascète et le sensoriel.

La phalangine très rétractée présente des craintes relationnelles ; lorsqu'elle est très développée il y a une certaine exubérance dans les relations.

La phalangette dominante exprime un intérêt pour la métaphysique, la religion. On remarquera dans bien des cas que la phalangette de Jupiter a facilement une extrémité conique, voire pointue, c'est un signe de perception d'autrui et de son environnement d'une manière aiguë ; spatulée elle marque une grande assurance de soi, avec désir d'impact sur autrui ; carré, il y a de l'ordre, de la méthode dans ses organisations en général et ses relations.

Le majeur ou médius : appelé aussi doigt de Saturne. C'est celui du milieu le plus grand de la main. Il est une sorte de balancier entre l'extérieur et l'intérieur, il participe aux deux états à l'écoute des deux mondes, le passage entre le paraître et l'être. Il est un point d'équilibre, de raison et de structure de l'individu. Un médius long (voir schéma) dépasse d'une phalange l'index et l'annulaire. C'est l'indice d'une personne sérieuse, qui a le sens de ses responsabilités. Elle a un grand besoin de sécurisation. Sécurisation matérielle dans une main terre, affective dans une main feu, émotionnelle dans l'élément eau, rationnel dans une main air.

Le grand Saturne est exigeant vis-à-vis de soi et des autres.

Personne organisée recherche plutôt une vie rangée, sinon génère des sentiments d'inquiétude. Peut devenir perfectionniste, personne prudente, sobre, patiente, parfois solitaire (surtout si l'index est court). Esprit de méthode de recherche, développe la cérébralité, besoin de rassurance matérielle. Si Jupiter est peu important, tendance à la mélancolie, à l'appréhension dans la communication. Peu adaptable si la main est raide et dure, plus sang jaune. Toutefois, le sens d'un grand Saturne est pour une personne qui sait se protéger et ses choix sont en fonction de ses craintes Autoprotection. Conformisme. Besoin d'être bien perçu.

Médius court : l'index et l'annulaire dépassent le milieu de la phalangette du médius. Il arrive même que l'un d'eux soit aussi long que celui-ci, ou même les deux [1], parfois un dépassement, mais c'est fort rare [2]. Le mot majeur qui lui est propre indique bien son sens à la fois de maturité et de grandeur dominante par rapport aux autres doigts. Aussi sa norme est de dépasser les autres, sans forcément d'excès de mesure.

Un Saturne court peut signifier encore un défaut de structure, de rigueur. La pulsion de survie n'est pas assez canalisée. Ce peut être une personne marginale, originale. Si le pouce est faible, la main molle et hyper flexible, il y a démission face à sa prise en charge, un manque de structure totale.

On peut dire encore, que le petit majeur, n'est pas obsédé par sa réussite sociale, sa sécurisation. On vit le présent, tendance à l'insouciance, on n'aime pas prévoir. Ce peut être une marque d'influençabilité, d'inadaptation sociale. Certains pouces peuvent corriger cette interprétation.

1. On dira aussi que c'est l'index ou l'annulaire qui sont longs.

2. Ce serait alors une anomalie. Surtout si l'annulaire devait être débordant de Saturne, ce pourrait être un signe d'autisme. Et si c'est Jupiter, un autoritarisme, voire arrivisme que l'on n'est pas sûr d'affirmer. Considérez tout d'abord le pouce et l'ensemble de la main.

Médius moyen : il y a équilibre entre l'exigence et l'adaptation, la raison et la fantaisie. On se prend en charge sans obsession.

Les doigts ne sont pas toujours très droits, s'ils le sont, on peut dire que chacun remplit bien sa fonction d'une manière autonome.

Lorsque tous les doigts se penchent vers Saturne, c'est un signe de mélancolie, d'introversion (surtout si l'annulaire est grand), besoin de sécurisation.

N'oubliez pas qu'un indice isolé a peu de sens en soi, et qu'il doit s'inscrire dans le contexte de la main, apportant ou non une information de plus, confirmant ou infirmant l'essentiel de la chirognomonie.

Ne pas tirer une déduction fabuleuse avec l'observation d'un seul paramètre, faire un travail de synthèse, de toute la richesse d'informations qui s'inscrit dans une main.

Les phalanges de Saturne :

— La phalange dominante : indique attachement et sécurisation aux biens matériels, ce peut être d'autres valeurs selon la forme élémentaire de la main. Si la phalange est épaisse en plus de sa longueur, désir de posséder, de cumuler des biens matériels, liés à la sécurité plus qu'au confort.

Si phalange longue et fine il y a plus de sélectivité dans le désir de possession, peut produire des collectionneurs, etc.

Si phalange pincée c'est la marque d'une nature ascétique, désintérêt pour le confort (si en plus elle est courte).

Notons encore qu'une phalange peut devenir dominante non pas seulement par sa longueur mais aussi par son épaisseur.

— La phalangine dominante : l'autosécurisation se fait dans le monde pragmatique. Le travail devient la sécurité. Mémoire des faits.

Si phalangine courte, la sécurisation se fait ailleurs sur un autre emplacement des phalanges (ou tout simplement une demande de sécurisation très relative, peu existante). Ce peut être aussi la marque d'un médius court, alors l'interpréter comme tel.

Si phalangine moyenne, pas de particularité. Normalité.

La phalangette dominante est concentration d'esprit. Analyse. Investigation dans le monde intangible, goût pour les recherches métaphysiques, l'abstraction. Assertion des idées.

Si phalangette courte, peut indiquer de l'impressionnabilité, l'autosécurisation n'est pas concernée par les concepts, à plus forte raison si Saturne est court.

Si phalangette carrée, signe d'application, d'esprit méthodique, de stabilité dans ses aspirations. Lorsqu'elle est spatulée elle s'accroche à ses buts, ou les impose.

Phalangette carrée ou spatulée

— Dans une main terre : esprit constructif.

— Dans une main air : investigation des idées.

— Dans une main eau : émotions créatrices.

— Dans une main feu : initiatives audacieuses.

Phalangette conique

— Dans une main terre[1] : sensibilité à l'ambiance.

— Dans une main air : captation rapide des idées.

— Dans une main eau : perception intuitive développée.

— Dans une main feu : émotions inquiètes concernant l'affectivité.

Phalangette pointue (accentuation du conique)[2]

— Dans une main terre : besoin de sécurité immédiate, sensitivité.

1. Assez rare, la main terre a une terminaison en principe carrée. Cela fait partie de sa dénomination. Ainsi que dans les mains feu les bouts sont plutôt arrondis. Cependant sur ces dernières il m'est arrivé d'en rencontrer des coniques (un peu péjoratif chez un homme).

2. Ses phalangettes coniques et pointues se retrouvent essentiellement dans les mains eau. Elles font parties de leurs caractéristiques.

— Dans une main air : cérébralité ou l'intuition participe.

— Dans une main eau : peut participer aux sentiments d'angoisse.

— Dans une main feu : susceptibilité, hyperesthésie.

Vous pouvez rencontrer une particularité de la position de la phalangette que nous observons, notamment sur ce doigt de Saturne. C'est une phalangette qui se détourne sur l'arrière naturellement, l'œil le perçoit sans intervenir sur sa flexibilité, c'est la marque d'une forte intuition qui peut indiquer, si d'autres paramètres vont dans le même sens, une tendance à la médiumnité (voir la ligne de tête).

Cette remarque de phalangette recourbée en arrière se retrouve aussi sur les autres doigts, nous en avons parlé dans les chapitres précédents, cependant comme nous venons de le signaler sur Saturne, où se développe un sens particulier. Sur l'ensemble des doigts c'est un signe de sincérité, de confiance envers les autres, parfois un peu naïve. La phalangette (surtout la saturnienne) repliée vers l'intérieur, indique du pessimisme, voire un défaut de communication, appréhension, retour sur soi etc. (voir schéma).

Phalangette repliée vers la paume

Phalangette droite

Phalangette tournée vers l'arrière

Les organes régis par Saturne : rate, pancréas, vésicule biliaire[1], excès de bile dans le sang avec sang jaunâtre.

Sensibilité intestinale avec plaine de Mars creuse.

Rhumatismes, arthrite, arthrose, avec doigts noueux.

Tendance hémorroïdaire avec Jupiter penché vers un Saturne et une plaine de Mars creuse.

Varices, phlébites possibles, avec des veines bleutées proéminentes et particulièrement si elles se dirigent vers Saturne (face dorsale de la main), ainsi que les mains froides et sang rouge ou bleu. Quelquefois, alerte d'un problème génital avec

1. Régie aussi par Jupiter. Voir dans les chapitres succédant l'état des ongles sur ces doigts.

l'ongle saturnien cassant, mais ce peut être, si c'est passager de la fatigue ou une faiblesse périodique, biorythmes en baisse, (voir si la main est molle). Il est convenu que Saturne correspond à la glande pinéale (épiphyse).

Une bague sur le doigt de Saturne souligne son besoin de sécurisation. Une recherche d'équilibre entre ce que l'on est et ce que l'on paraît. Saturne étant le doigt central entre l'extérieur Jupiter et l'annulaire (Apollon), le doigt de l'intériorité, l'axe des deux mondes.

L'annulaire appelé doigt d'Apollon : c'est le premier doigt de l'intériorité. Il sera la représentation de notre moi intérieur, sensible ; c'est l'indicateur de nos résonances de l'âme, il représente l'affectivité, l'idéalité (c'est le doigt du cœur dans tous les sens), les aspirations profondes de l'être.

Dans les deux derniers doigts de la main, nous trouverons la partie subjective et personnelle de l'individu, le moi intime, ce qui conditionne l'être profond.

Si avec les trois premiers [1] nous avions la motricité, avec les deux derniers nous aurons la partie inerte, le mouvement qui n'est pas apparent, mais ce qui vibre à l'intérieur.

La personne qui possède une dominante apollo-

1. En comprenant le pouce.

nienne s'exprime avant tout par le monde subtil de son ressenti, souvent guidée par son affectivité, elle peut développer des aspirations artistiques, (surtout dans une main eau ou feu) ; elle a facilement un sens esthétique présent et se tend vers de possibles créations, selon les lignes, quelle que soit sa chirognomonie.

Dans une main terre : elle œuvrera sur un plan manuel, artisanal.

Dans une main air : créativité dans le domaine des idées, voire l'art abstrait.

Dans une main eau : la chorégraphie, l'écriture, la poésie, voire aussi l'art pictural. Émotions créatrices.

Dans une main feu : l'art pictural, culinaire, de la forme (couture, etc.) ; l'affectivité idéalisée, l'art de la parole.

L'apollonien se tournera plus volontiers vers sa réalisation intime que sociale comme le jupitérien ou le saturnien.

Je vous rappelle que pour comprendre leur développement, vous pouvez comparer sur la partie dorsale, qui domine par la longueur, de Jupiter ou d'Apollon. Il est possible que vous n'ayez pas les mêmes données dans chaque main. Ainsi, vous pourriez avoir dans la main gauche un Jupiter plus long qu'Apollon ; ou dans la droite un Apollon plus long que Jupiter. Quel sens lui donnons-nous ? La droite étant l'évolution de l'individu, indique que la personne a favorisé sa vie intérieure par rapport à sa vie sociale qui était plus développée dans sa constitution. L'inverse s'analysera logiquement : vie sociale au détriment de la vie personnelle. Bien sûr on peut trouver des Jupiter et des Apollon de même niveau, on conclura qu'il n'y a pas d'état dominant, mais un équilibre entre l'être profond et le social.

Pour la comparaison de longueur nous prenez comme appui le doigt de Saturne (voir schémas dans les pages précédentes). Tenez compte aussi de l'implantation de chacun (schémas). Par exemple, un Jupiter implanté haut diminue sa longueur, le contraire avec l'implantation basse.

L'annulaire moyen est celui qui arrive au milieu de la phalangette du majeur, et a souvent la même longueur que jupiter. Le court est celui qui est en dessous de la mi-phalangette du médius et en principe il est plus court que Jupiter. L'Apollon long dépasse le milieu de la phalangette du médius il est plus long que l'index. Il peut arriver (rarement heureusement), que certains annulaires soient aussi longs, voire plus longs que Saturne ; trop c'est trop ! Ce peut être le signe d'un profond blocage, la tour d'ivoire, au pire ce peut être un signe d'autisme.

Apollon long : accentue l'expression de la sensibilité profonde de l'individu. La personne élabore ses points de connaissance dans ses propres références et sa sensibilité. Pensées personnelles.

Apollon court : plus instinctif que sensible, ressenti rapide, plus à l'écoute du monde extérieur, surtout si Jupiter est privilégié. Primarité. Peut être réalisateur à des fins immédiates.

Phalange dominante : sensibilité sensorielle. Si elle est dilatée peut représenter des attitudes affectives qui ont un grand besoin d'expression. Tandis que la phalange rétractée indique de la pudeur dans les sentiments et leur expression.

Courte et mince, peu d'exubérance du ressenti sensoriel. Pudeur, voire effacement (surtout si Apollon est long).

Phalangine dominante : perception aiguë, qui s'applique dans tous les échanges permanents de la vie. Sensibilité fluide qui s'exprime dans le monde quotidien. Phalangine fine et mince, plus de cérébralité, de retenue dans le ressenti et l'échange.

Phalangette dominante : personne inspirée, idéaliste. Possible communication artistique, (voir l'ensemble de la main). Parfois esprit original avec un Saturne court.

Phalangette courte : peut donner des idées créatrices vites exprimées.

Phalangette incurvée vers l'extérieur sensibilité

aiguë, grande réceptivité. Parfois impressionnabilité, (surtout si main eau et doigts coniques).

Phalangette spatulée : aspirations et/ou sensibilité qui doivent s'exprimer dans une création tangible. Peut donner des sculpteurs, surtout si tous les doigts sont spatulés et puissants, avec une éminence thénar et hypothénar importantes, notamment dans les mains terre.

Phalangette carrée : bonne perception des choses dans leur proportion et leur authenticité.

Phalangette conique : très grande réceptivité. Sensibilité à fleur de peau. Susceptibilité. Expression artistique. Intuition, impressionnabilité (va avec les mains eau).

Phalangette pointue : accentuation des valeurs coniques. Hyperémotivité, hyperesthésie. Si l'insertion du doigt d'Apollon est haute les manifestations de l'affect et de la sensibilité sont impératives, spontanées.

La phalangette ronde, quel que soit le doigt est une signe de gentillesse, de bienveillance, voire de douceur (selon l'ensemble).

LES ORGANES RÉGIS PAR APOLLON

Le cœur — les yeux — le plexus solaire — le thymus.

Nous aurons donc selon les signes sur cet ongle

et le tracé palmaire se dirigeant sur ce doigt des prédispositions aux troubles cardiaques et la sensibilité des yeux, (voir la ligne de cœur)

Ajoutons encore qu'un Apollon qui se penche sur Saturne accentue la subjectivité et le besoin d'être rassuré par l'affectivité.

N'oublions pas de vérifier les deux mains. Les différences de formes ou de proportions de la main gauche à la main droite indiquent l'évolution ou l'involution d'une personne [1]. Faites la synthèse sur la main droite ; si certains points se sont développés sur celle-ci, il y a évolution ; si au contraire il y a une restriction sur la droite par rapport à la gauche, il y a une involution de la partie en question. La personne n'a pas utilisé alors tout le potentiel promis au départ. En général, la main droite est plus développée que l'autre.

La bague sur Apollon souligne l'intérêt que l'on porte à son monde intérieur, sensible, affectif.

L'anneau nuptial est porté généralement sur ce doigt, il est signe d'attachement, de fidélité. Il signe l'engagement des époux, le vœu réciproque du don. Son symbolisme du cercle indique qu'il ne doit pas être interrompu.

L'auriculaire, appelé « doigt de Mercure », est le plus petit de la main. Auriculaire, nom en analogie avec l'oreille. C'est sans doute le doigt qui porte le

1. Inversez l'observation si la personne est gauchère.

plus d'anomalies parfois à travers des formes étranges, incomplètes ou abîmées [1].

Il sort en tout premier de la paume et représente le premier jet de celle-ci, sortant de l'inconscient.

Mercure le plus jeune des dieux de l'Olympe, le messager alerte qui apporte la nouvelle, la communication. Ici le complice avec la paume et son expression.

C'est le doigt dont l'insertion est la plus basse dans la main (voir dessins) à l'encontre du haut Saturne, directeur de conduite, Mercure est le bien intime entre le moi profond et le moi d'expression spontanée. C'est le magicien de la main ; il rapporte ce qui est à l'état brut. Il est le premier filtre du monde grouillant de l'inconscient, qu'il civilise et communique au monde extérieur.

À l'écoute de la paume il est la projection directe des premières pulsions qui jaillissent de la paume. Auriculaire, doigt de l'oreille, de l'écoute, restitue au monde expressif : « mon petit doigt me l'a dit ».

Mercure a une insertion plus basse que les autres ; cependant, on n'en observera pas moins des basses, des moyennes, des hautes.

1. Ce sont alors des marques de mauvaises hérédités génétiques. Doigts mal formés, palmés, atrophiés, etc.

Mercure et ses insertions :

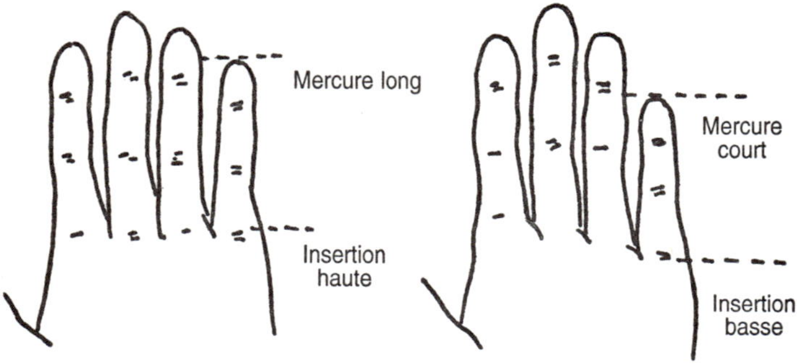

L'insertion basse : (voir dessin) le doigt puise au plus profond de la paume et garde une certaine secrétivité de son ressenti. Instinctivité (surtout si le doigt est court) ; le raisonnement est moins présent. On élabore moins sa pensée.

L'insertion moyenne : est considérée comme telle lorsqu'elle se place à un centimètre environ sous l'insertion de l'annulaire. Elle sera haute si elle est au-dessus, basse si elle est en dessous. C'est la position médiane, donc idéale entre ce que l'on ressent et ce que l'on montre. Entre ce que l'on puise et ce que l'on exprime.

L'insertion haute : va raffiner la pulsion, la civiliser, la maîtriser plus facilement, donc maturité de la pensée. Apporte de la réflexion.

Mercure long : est un signe de savoir-faire, de diplomatie de maturité de réflexion. Les contacts sont aisés, aisance dans les affaires, aptitudes commerciales, bon jugement, personne avisée. Adaptation. Esprit d'analyse « on passe bien ».

Mercure court : moins de cérébralité, on ne s'attarde pas à la réflexion. Spontanéité, réaction vive du ressenti, maladresses possibles dans les contacts, jugement hâtif ou partial. Aide à la perception extrasensorielle, surtout si les bouts des doigts sont coniques et se courbent en arrière de la paume. Intuition, esprit de synthèse.

Mercure moyen : se tient entre la réflexion et la spontanéité.

Mercure long avec une insertion haute : aide à s'affirmer. Confiance en soi.

Mercure long avec insertion basse : qualité des instincts. Subtilité. Instinctivité mûrie. Profondeur. Efficacité. Éveil.

Mercure court avec insertion haute : répliques promptes. Intuitions. Difficultés d'analyse.

Mercure court avec insertion basse : peut être l'indice d'une subjectivité primaire. Susceptibilité infantile. Irrationalité. Impatience. Maladresse dans les contacts, les relations.

L'ensemble peut amoindrir cet aperçu.

Comment observe-t-on la dimension de Mercure ?

Il est long lorsqu'il dépasse la phalangette d'Apollon (la troisième pliure de ce doigt). Il est moyen lorsqu'il atteint cette pliure. Il est court lorsqu'il est en dessous de la phalangette de l'annulaire.

Lorsque l'auriculaire se penche sur Apollon c'est un facteur de subjectivité, de douceur, il peut représenter du dévouement, on est à l'écoute directe de sa sensibilité, on investit complètement dans l'affectivité. C'est facilement un signe de gentillesse, de bienveillance, etc.

L'auriculaire se séparant d'Apollon, on se détache du monde sensible avec une recherche d'objectivité, dans certains cas (voir l'ensemble), on peut aller vers une indifférence de la sensibilité. Recul de l'expression affective. Secrétivité. On ne livre pas ses états d'âme. Neutralité. Automatisme. Capacité de détachement relativement aisée.

Les phalanges de Mercure :

Phalange dominante : c'est l'image de la première motricité, ici l'énergie psychique prend sa force dans les organes. La phalange dominante va augmenter les qualités ou les faiblesses du doigt.

Expression des sensations profondes.

Phalangine dominante : efficacité du ressenti dans le monde pratique, la quotidienneté. Souci de la réalisation (surtout dans une main terre). Si amincie, mais toujours la plus longue des trois, réalisation plus cérébrale. Si atrophiée, angoisse.

Phalangette dominante : élaboration du ressenti

viscéral. Peut aider à une création cérébrale, l'écriture par exemple, le chercheur (avec une main air).

Si petite phalangette, il y aura moins de direction cérébrale de l'instinct.

Phalangette spatulée : cérébralité créatrice. On réalise ses idées. Réalisation élaborée avec ardeur de ce que l'on ressent au fond de soi-même.

Phalange carrée : construction de ce que l'on ressent (comme la spatulée) mais avec une tournure méthodique, moins passionnée qui régit bien l'expression de l'instinctivité.

Phalangette conique : sensitivité sans cesse en alerte. Perception aiguë des êtres et des choses, mais selon l'ensemble, ce peut être un facteur d'angoisse, dans une main molle, entre autre.

Phalangette pointue : accentuation de l'état conique, tendance à l'hyperesthésie. Prédisposition à la subjectivité, à la suggestion.

ORGANES ET PATHOLOGIE DE MERCURE

Système endocrinien, glande thyroïde, parathyroïdes (surtout si la main est moite), voir les chapitres précédents. Reins, vessie, oreilles.

Les pathologies s'installent ou sont latentes lorsque le doigt est fragilisé dans sa forme ; elles s'inscrivent alors en taches sur l'ongle. Voir dans les chapitres prochains.

Vous remarquerez que c'est le doigt le plus inattendu dans sa forme : torsions, insertion, dimension. Certaines anomalies comme doigt doublé, palmé, très replié [1] ; il s'agira, ici, d'une très lourde hérédité comme syphilis, alcoolisme, etc. Dans ce cas ce pourrait être un signe de pathologies assez affligeantes, de dégénérescence, mauvaise hérédité, maladies génétiques dans des cas extrêmes comme doublement du doigt, doigt palmé ou inexistant. Vous avez peu de chance d'en rencontrer, fort heureusement !

Sans aller jusqu'à ces cas extrêmes, si ce doigt est mal implanté ou tordu ou un ongle taché, ce peut être des signes de désordres glandulaires, thyroïdiens, etc.

Dans les grandes anomalies, on peut ne trouver sur ce doigt qu'une seule jointure. Phalange unique qui sous-entend des problèmes génétiques.

Il est intéressant de signaler les observations des médecins : Wolff et Friedmann « *un auriculaire anormalement long et fin* [2] *prédisposerait à la schizophrénie...* ». De même que « *un auriculaire très*

1. En vieillissant ce doigt a tendance à se replier vers la paume, cela n'est pas une anomalie, mais un état lié à l'âge, où la personne s'auto protège. Cependant lorsque l'on est jeune, c'est la marque de craintes, de peurs intérieures.

2. L'extrême finesse enlèverait la consistance et la structure du doigt. Voir tout de même l'ensemble de la main avant de faire des déductions hâtives.

court penché vers l'annulaire est remarqué chez les mongoliens... ».

Rappelons que ces enfants sont des êtres particulièrement affectueux (Mercure penché sur Apollon) avec projection cérébrale réduite (doigt anormalement court). Alors qu'un doigt démesurément long de faible consistance couperait de la réalité par déperdition de l'énergie qui ne pourrait plus être canalisée pour remplir son rôle.

La bague ou l'anneau porté sur l'auriculaire est le besoin de manifester au plus vite ses désirs. Promptitude de divers échanges selon la main : parole, sexualité, argent, etc. La parole qui fait partie des échanges.

C'est la marque d'une personne qui se sert de son flair et de son intuition. On dit qu'instinctivement certains hommes d'affaires portent une bague au petit doigt, ce serait un indice de désir du pouvoir de l'argent. Dans certaines tribus africaines il est le doigt des pouvoirs occultes, de divination. Ceci correspond à l'analyse que nous en faisons en Occident, c'est à dire le premier doigt qui est là l'écoute de la paume, le monde intime et silencieux de la paume (l'inconscient).

REMARQUES

Nous vous donnons beaucoup de détails sur l'état de la main. Mais en réalité, vous ne devrez vous arrêter que sur les particularités. Or chaque main n'inscrit pas forcément toutes les caractéristiques, il y a des formes sans remarques ou normalisées ; il faut seulement apprendre à reconnaître et à observer.

Ce qu'il vous faut comprendre avant tout, c'est le type de main : terre, eau, feu, air. La consistance qui est force et résistance de la personne. Flexibilité qui est adaptation. Couleur du sang, en écartant les lignes et sur les ongles : indice tempéramental (une des expressions de la santé). La distinction des doigts et enfin le pouce (chapitre suivant) qui aura la maîtrise sur l'ensemble. Et vous aurez là, l'essentiel de la chirognomonie, de l'étude de la main dans sa forme.

« On n'est pas lucide par hasard, on l'est parce qu'on s'appuie sur une vision juste de l'homme. Quand on voit ce qui est il est facile de voir ce qui vient ».

Olivier Germain-Thomas

VI

LE POUCE

C'est un doigt unique et particulier, car il participe à la fois de la paume et de la partie digitale. Il rejoint les deux mondes, intérieur et expressif. Sa racine, qui n'est autre que l'éminence thénar (mont de Vénus), en quelque sorte sa première phalange plonge directement dans le monde intérieur et s'anime dans la phalangine, phalangette.

C'est le doigt qui s'oppose aux autres. On l'a comparé parfois, au chef des armées, les doigts étant la troupe. On pourrait encore le classer comme la tête, le cerveau de l'individu. Il est celui qui commande l'ensemble, dirige, gère, supporte la main et exprime son potentiel.

Que serait la préhension sans le pouce ?

Le pouce est celui qui fait l'homme, le civilise, lui permet d'être dans l'action et ses résultats. Imaginez un instant votre main sans pouce !

Autrefois, dans la Chine ancienne, dans l'observation de la forme de la main, on ne s'intéressait qu'au pouce.

On peut dire qu'il est le seigneur de la main, le maître de céans. Certes, il n'est pas le tout mais il peut dominer les faiblesses de l'ensemble et conduire son potentiel, quel qu'il soit, important ou faible.

Retenons qu'un faible potentiel n'est pas une tare en soi, mais simplement un volume de puissance plus ou moins grand, un contenu plus ou moins rempli, que l'on conduise une grosse cylindrée ou pas, on conduit toujours, mais avec un véhicule plus ou moins performant. C'est tout.

Cependant, un pouce atrophié serait un véritable handicap, dans le sens d'un manque d'autonomie, et une marque d'idiotie.

Il y a peu d'animaux pourvus d'un pouce, et lorsque c'est le cas, il est tout à fait rudimentaire, (les singes).

Que représente, pratiquement, le pouce dans la main ?

L'autonomie d'une personne, sa maîtrise. Sa distinction. Sa disposition. Il est l'homme.

« *Ce maistre doigt* » disait Montaigne.

On aura donc des pouces plus ou moins puissants ou frêles, des longs, des courts, et des moyens.

Retenons qu'un pouce court n'est pas forcément

un doigt faible. Il peut être court et consistant, s'il donne une impression de fermeté sur sa base, de solidité d'ensemble.

Le pouce long est celui qui atteint ou dépasse la pliure de la phalangine de l'index. Le petit est celui qui s'arrête à la phalange, voire même au-dessous. Le moyen se trouvera au milieu de la phalange entre les deux pliures.

On ne peut escamoter la possibilité d'un pouce atrophié, presque inexistant. Vous les rencontrerez rarement, on les trouve chez les handicapés mentaux, des gens privés d'autonomie qui ne peuvent se suffire à eux-mêmes.

Remarquons encore que les bébés qui sont complètement dépendants, enferment leur petit pouce dans leur main, sous l'étreinte des autres doigts. Sucer son pouce est un signe de besoin de protéger son moi, et si ça persiste en tant qu'adulte, c'est la difficulté de grandir mentalement, c'est la succion du sein maternel.

On a constaté également que les personnes âgées qui sont en phase terminale, ont tendance à replier leur pouce dans la paume. On appelle ce geste *le pouce au chaud*. Lorsqu'un adulte met spontanément son pouce au chaud, c'est un signe d'angoisse, de dépression. Voir si cela est sporadique ou permanent. Si en plus cette personne se ronge les ongles, c'est l'indice d'un état grave de mal être qui demande des soins.

Le pouce long : c'est un signe d'autorité, voire d'autoritarisme (surtout si Jupiter est long). La personne s'impose, elle affirme sa personnalité, confiance en soi. Elle aimera diriger, commander. Self-contrôle. Énergie. C'est un signe de vitalité. La tête domine sur l'affectivité. Tendances objectives.

Le pouce court : le sujet est souvent dépendant de son affectivité [1]. Il se laissera guider par celle-ci, plutôt que par la réflexion. Subjectivité. Il préférera être dirigé que commander. Peu d'initiatives. Si un pouce court devait être frêle par manque de consistance, mou et désarticulé, il serait le signe de difficulté d'affirmation de soi. Soumission, attitudes timorées, craintives. Peur de s'imposer, surtout si, en plus, la plaine de Mars est creuse, et Jupiter court.

Le pouce moyen : est celui d'un équilibre entre la raison et le sentiment. La personne possède son auto-commandement, sans écraser autrui ; elle s'inspire de ses propres références individuelles ; garde son indépendance.

L'insertion du pouce est également à observer. Il vous faudra regarder la main à l'intérieur. L'émi-

1. Surtout dans les mains feu.

nence thénar, sur laquelle le pouce se prolonge, apparaîtra plus ou moins haute.

Insertion haute : c'est à dire près des doigts plutôt que du poignet. Spontanéité, besoin de s'approcher des autres, parfois comportement envahissant. Marque de subjectivité.

Insertion basse : près du poignet.

Un certain recul par rapport à l'extérieur et si particulièrement basse, crainte vis à vis du collectif ou des contacts sociaux, difficulté pour s'engager, parfois recherche de solitude. Tendance à l'objectivité.

Insertion moyenne : équilibre entre les deux.

Vous serez aidés par l'angle du pouce qui est encore une autre observation et complète ou accompagne l'insertion. Pour cela, il vous faut tirer carrément sur le pouce du côté du poignet (voir dessin).

L'angle droit : le sujet a besoin de liberté pour entreprendre. Il aime les initiatives.

Il supporte mal les contraintes. Esprit indépendant. Équilibre dans le comportement.

L'angle aiguë : de la spontanéité, il y a plus de dépendance que dans le précédent, le sujet peut rechercher une certaine sécurité. Besoin de discipline.

L'angle obtus : le doigt descend vers le bas l'éminence thénar paraît à l'horizontale et va souvent avec l'insertion basse. Difficultés d'adaptation. Rejet du contact avec l'extérieur, souvent marginalité dans le comportement. Parfois originalité, extravagance. Peut être un signe d'angoisse, d'inhibition. Absence de logique. Craintes cachées sous des compensations.

Ne pas hésiter à ouvrir le pouce en le tirant vers le bas. Si l'on veut étudier une main, ne pas craindre de la palper, de l'observer autant sur sa partie dorsale que palmaire. Écartez, tirez sur les lignes pour voir la couleur, etc.

Un autre point très significatif qui se trouve à sa jonction entre la paume et la pliure de la phalangine. Il faut faire basculer le pouce en arrière à ce niveau là, que vous prenez de l'autre main, entre le pouce et l'index. Vous devez sentir très nettement si cette articulation reste ferme ou si elle se déboîte. L'articulation cède alors sous la pression de vos doigts. Une articulation ferme structure l'individu. C'est un signe de solidité mentale, et même physique. C'est une personne résistante à l'effort et qui a de la rigueur de comportement et d'esprit. Cependant cette observation est encore un point très expressif.

L'articulation déboîtée est un indice de laxisme dans sa manière d'être, d'autant plus si Saturne est court et la main molle, la rigueur ne sera pas de son fait. Sur le plan physiologique on constatera que ce sont des personnes qui ont des problèmes vertébraux.

Vous pouvez trouver ce déboîtement sur une

seule main. Si gauche déboîtée et droit ferme, on dira qu'il s'est produit une évolution de structure de la personne et que l'on porte en soi une fragilité héréditaire de la colonne vertébrale, qui ne se manifeste pas forcément, ou encore que certains soins ou précautions ont amélioré l'état. Le contraire existe aussi : fermeté sur la gauche, déboîtement sur la droite. Nous avons ici, une base solide mais qui s'est détériorée au fil du temps, apportant une fragilité dans la structure personnelle.

Pour la phalange du pouce, voyez le chapitre sur le mont de Vénus.

La phalangine peut être plus ou moins pincée ou large. (voir dessin)

Phalangine pincée

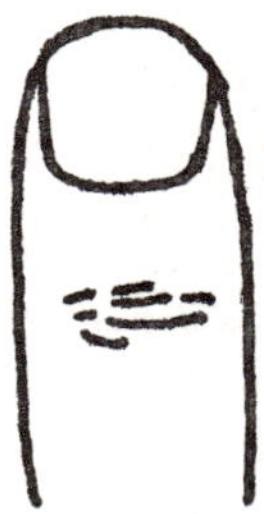

Phalangine dilatée

La phalangine pincée dénommée le « pouce en taille » est le signe d'une personne raffinée, subtile, délicate. Il indique également de la réflexion, de la retenue. Il cérébralise, donc la spontanéité est amoindrie ou secondarisée.

La phalangine large apporte une certaine aisance dans la manière d'être, dans le sens qu'elle laisse une fluidité à la pulsion.

Que représente la phalangine du pouce ?

On remarquera déjà sa position intermédiaire, comme toutes les phalangines d'ailleurs. Elle sert de filtre entre la paume (mont de Vénus), soit la réserve des forces, et la phalangette (bout de doigt), la réalisation de la pulsion, l'accomplissement.

Plus la phalangine est longue, plus il y a épuration de la pulsion initiale, donc cérébralité ; plus elle est courte, plus il y aura rapidité du filtrage de ses pulsions, donc directivité du ressenti qui peut être un appoint de spontanéité, de primarité.

La phalangette souligne la maturité de l'individu, l'extériorisation de sa personnalité, sa volonté de réalisation. Il faut voir tout l'ensemble de sa forme, car elle prendra tout son sens avec sa formation terminale, ainsi le pouce carré, spatulé, conique, pointu.

Voir déjà qu'une phalangette importante, longue est un indice de force créatrice, réalisatrice, de volonté d'accomplissement. Une phalangette courte est plus émotive, plus dispersée dans ses volitions. Ne jamais oublier que l'état moyen est un juste milieu dans les qualifications.

Le pouce

DESSINS DES PHALANGES

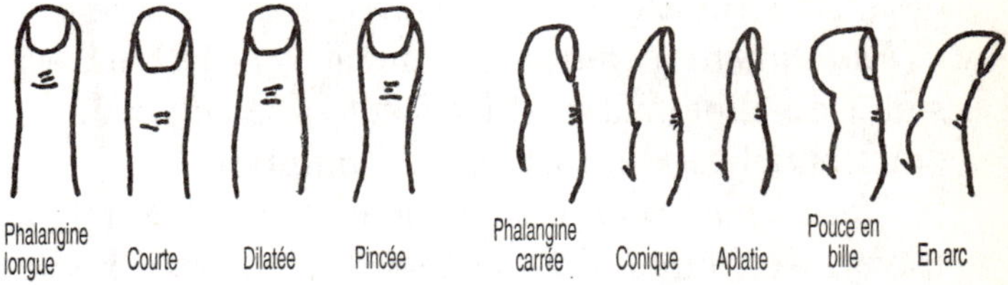

LES POUCES

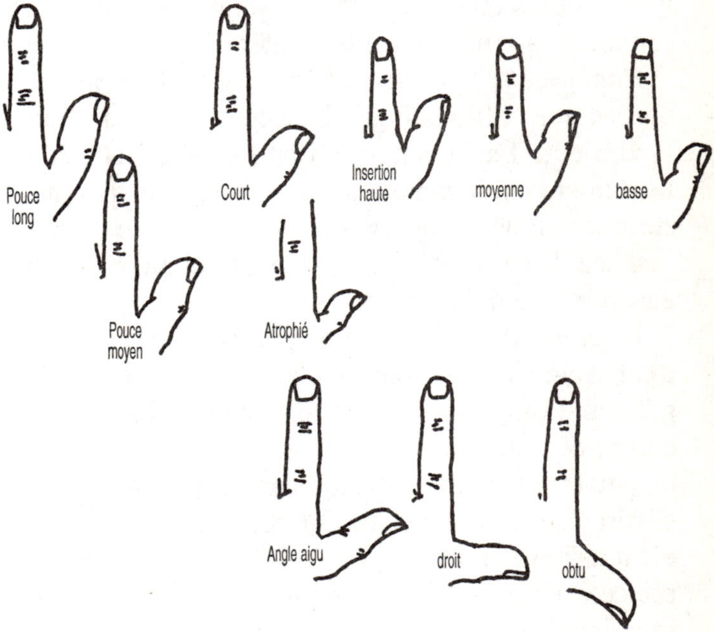

La phalangette carrée : en plus si elle est longue, compacte ; c'est la marque d'une personne méthodique, déterminée, réalisatrice, volontaire, sérieuse.

Phalangette conique : amincie vers le bout est signe de diplomatie, d'intellectualité, de valeurs émotionnelles, d'abstraction, d'intuition.

Phalangette pointue : personnalité vulnérable à travers son émotivité, sa mobilité, sa réceptivité excessive qui assume difficilement les choses de la vie, à moins que le pouce soit grand et ferme sur son articulation, ce qui lui donnerait plus de force.

Phalangette spatulée : c'est un renflement du bout carré. Elle indique beaucoup d'impact sur l'extérieur. La personne s'impose, elle peut être facilement exubérante, elle ne passe pas inaperçue, surtout si tous les doigts sont spatulés : création.

Chez les sculpteurs, on trouve facilement un ensemble de doigts spatulés.

Le pouce en bille : est une phalangette massuée, toute ronde à l'intérieur, une vraie petite boule. En général l'ongle de celle-ci est court. Phalangette courte et charnue, guère esthétique. On l'a appelé un peu rapidement et légèrement « le pouce de l'assassin ». Il n'en est rien. On peut même dire que c'est ridicule. La personne qui possède ce type de pouce est certes vive, prompte dans ses réactions, impulsive, directe, sincère. C'est un être entier, inattendu. Il ne manque pas d'originalité.

Le pouce en arc : est un pouce qui se retourne

en arrière, au simple regard, sans manipulation (on le trouve facilement dans les doigts coniques) c'est le signe de personnes émotives, originales, d'une grande richesse d'idée. Personnes souvent brillantes. Tendance créatrice., voir le style de la main terre, eau, etc.

Un pouce qui se replierait à l'intérieur serait un indice de repliement sur soi, dans un sens d'anxiété, voire d'angoisse (si ongles rongés). Inhibition, auto protection marquée, peur d'entreprendre, etc.

Sur le plan santé, le pouce ne représentera pas d'organes particuliers, à part son déboîtement qui exprime un problème vertébral ou de dos. Cependant, la force du pouce joue sur la vitalité générale et peut contribuer à la longévité, notamment par sa longueur et sa construction qui offre une structure solide.

RÉSUMÉ SUR LE POUCE

Long : énergie, résistance, affirmation, cérébralité, commandement.

Court : dépendance, souvent dépendance affective. Préfère être guidée, qu'être un exécutant. Peu d'initiatives.

Moyen : compromis entre le commandement, l'initiative et l'écoute à autrui. Aime son indépendance et ses références personnelles.

Raide : une certaine intransigeance, adaptabilité réduite.

Souple : souplesse de caractère, adaptation, diplomatie.

Replié : timidité, manque d'assurance, crainte de s'engager.

Angle ferme : fermeté du caractère. Solidité et régularité de comportement.

Angle déboîté : manque de fiabilité, mobilité de caractère. Région vertébrale fragilisée.

Phalangette plus développée que la phalangine : (surtout si carrée ou spatulée) donne volonté d'exécution, force mentale, affirmation de soi.

Phalangine plus développée que la phalangette : donne du contrôle par la réflexion, peut apporter de la lenteur à l'exécution ; Pliez légèrement le pouce pour juger des dimensions comparées [1]

Phalangine en taille : subtilité, délicatesse.

Phalangine épaisse : sensorialité.

EXTRÉMITÉ DU POUCE

Spatulé : aptitudes diverses, force créatrice et réalisatrice.

1. Retenir que la phalangine est naturellement plus grande que la phalangette. C'est une question de proportion relative.

Carré : méthode, organisation. Perfection, perfection de l'exécution. Raison.

Conique : intuition. Vivacité d'esprit. Sensitivité.

Pointu : ressenti intense. Vulnérabilité si la main montre quelque fragilité de consistance (molle).

Arrondi : compromis entre méthode et intuition.

Goutte d'eau : sensitivité. Sensibilité au toucher.

Phalangette en bille : nature excitable. Emportement.

Phalangette aplatie : abstraction. Cérébralité.

Phalangette renflée : esprit concret.

GÉNÉRALITÉ À RETENIR CONCERNANT L'ENSEMBLE DE LA FORME DE LA MAIN

Le développement en longueur : cérébralité. Lenteur d'expression. Analyse. Précision.

La tendance courte : exécution rapide. Spontanéité. Impatience. Synthèse. Intuition.

L'étroitesse : fragilité quant à la résistance physique ou psychique. Manque de tonus. Délicatesse

L'épaisseur : le bien en chair est lié à la sensorialité, à l'abondance vitale (se trouve surtout dans la main feu).

La largeur : assise. Signe d'extériorisation, de manifestation expansive, mais surtout solidité. Socle.

La minceur : cérébralité.

La dureté : fermeté. Rigueur ou rigidité.

La mollesse : faiblesse de constitution. Passivité. Lymphatisme.

L'humidité : émotivité importante. Peut être un trouble glandulaire (thyroïde) voir si permanent ou pas.

La sécheresse : émotions dominées. Sélectivité, voire secrétivité (surtout si Jupiter court et Apollon long).

La chaleur : effusion. Communication des sentiments. Magnétisme.

La froideur : caractère réservé. Sélectif. Parfois mauvaise circulation sanguine (surtout si sang bleu).

La souplesse : adaptabilité.

« Regarde ton cœur qui bat dans ton poignet, palpitation précise, au rythme de la vie »

Jimali Burton
(de la tribu indienne des Cherokee

VII

LES ONGLES

Les ongles vous renseignent sur le tempérament et la santé du sujet [1].

Les ongles courts : plus larges que longs, sont des personnes vives, actives, extraverties, signe de vitalité. Sens critique. Tendance aux problèmes cardio-vasculaires.

Il y a des ongles qui sont comme atrophiés, en forme de confetti sur le bout du doigt, il ne recouvre pas la chair de celui-ci (voir dessin). Ce sont des personnes particulièrement anxieuses, insatisfaites, exigeantes. Un esprit critique outrancier. Fragilité psychologique.

L'ongle long : plus long que large c'est un indice d'intériorité, de retour sur soi. Aptitude à l'abstraction. Si cet ongle est étroit il prédispose à

1. Certains médecins, souvent homéopathes, les observent comme complément de diagnostic.

une sensibilité des organes respiratoires : gorge, poumons.

RETENEZ :

Ongle large : impose sa personnalité.

Ongle étroit : passivité.

Ongle long : réflexion, analyse. Efficacité si large en même temps. Rêveur si étroit.

Ongle carré : de longueur et de largeur égales, se qualifiera comme toutes les formes carrées. Comportement régulier. Sens pratique. Méthode et efficacité. Intelligence concrète.

Ongle en amande : forme ovale, légèrement bombée, ongle surtout féminin. Raffinement. Amabilité. Douceur. Diplomatie. Charme. Dévouement. Sensibilité. (voir les graphismes)

Ongle en datte : ongle également très féminin, se trouve le plus souvent sur les doigts coniques ou pointus, ce peut être le signe d'une constitution fragile. Trouble du système glandulaire (surtout si mains moites en permanence). Fébrilité. Nervosité. Tendance aux caprices. Fragile devant l'épreuve.

Ongle hippocratique : c'est un ongle particulier, étroit, rond, bombé = faiblesse pulmonaire. Tendance aux angines, bronchites. Risque d'état chronique dans ces régions.

Ongle en griffe : ongle bombé qui se recourbe comme une griffe. Marque d'égocentrisme sous l'aspect d'un charme trompeur dans lequel il peut se cacher du calcul. Jeux de comportement, parfois possessivité captieuse. Compensation. Constitution moyenne (voir le type de main).

Ongle concave : forme incurvée, creuse. Souvent mauvaise hérédité. Manque de minéraux. Peut être signe de dégénérescence si l'ongle est blanc, strié ou cassant. Rappelons que l'ongle cassant est souvent un problème de fixation du calcium et des minéraux en général.

Ongle en coquille : en forme de coquille Saint-Jacques : hyperesthésie. Facilement dépressif. Problèmes nerveux, et parfois endocriniens.

Ongle en trapèze : résistance physique. Pieds sur terre (sens de l'ongle carré ou spatulé). Il est bien certain, s'il est besoin de le dire, qu'il nous faut considérer la partie de l'ongle sur la surface de la chair, et non pas la partie qui dépasse le bout du doigt, comme il se rencontre souvent chez les femmes ; on trouverait alors beaucoup d'ongles longs, ce qui serait une méprise.

Certains ongles ont des lunules.

La lunule forme le dessin d'une demi-lune blanche à la base de l'ongle. C'est un indice de stimulation de l'énergie. Elle soutient le rythme cardiaque. Son absence n'implique pas de conséquences graves, mais dans cette configuration, il y a moins de protection, les problèmes de santé indiqués par la main seraient plus prompts.

Dessins des ongles :

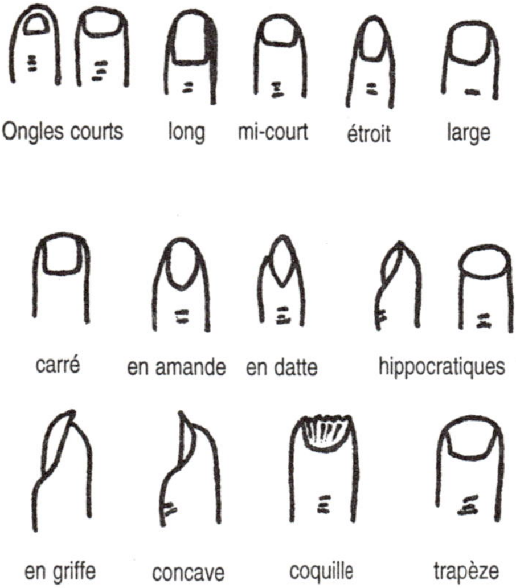

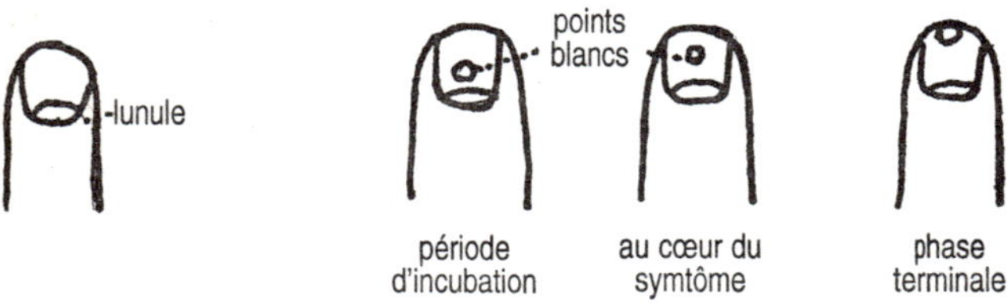

On ne les a pas sur tous les doigts mais en avoir déjà une sur le pouce est un signe favorable de stimulation. Une lunule qui envahirait l'ongle n'exprimerait plus une énergie efficace.

La couleur des ongles : en principe, elle suit la couleur du sang que l'on trouve au creux des lignes.

Ongles rosés : signe de santé, de fluidité de l'énergie. Optimisme. Harmonie (surtout si lunule en plus).

Ongle rouge : c'est la marque du sanguin. Type combatif. Excitable si les ongles sont courts. Audace. Colère prompte. Décision. Dépense physiques. Propice à l'hypertension, aux problèmes cardiovasculaires, cardiaques. Il arrive parfois que l'ongle soit blanc, mais il y a une concentration de teinte rouge au bout de celui-ci. On peut dire alors qu'il y a une congestion de l'énergie mal répartie et qui sous-tend encore plus fortement, les faiblesses vasculaires.

Ongle bleuté : couleur du citadin. Peut indiquer une respiration défectueuse d'un air vicié. Se rencontre volontiers chez les fumeurs. Intoxication pulmonaire. Parfois prédisposition à l'asthme (avec ongle étroit). Personnes qui subissent des contraintes sociales ou autres. Sentiment d'étouffer dans la sphère dans laquelle on vit.

Ongle blanc : tempérament lymphatique (surtout si main molle et doigts boudinés). Manque de vitalité. Nonchalance. Si la main est ferme et solide, ce pourrait être l'expression d'une résistance par l'inertie. Mais en principe il y a des signes qui ne cohabitent pas.

Ongle jaune : c'est l'ongle de l'hépatique, du bilieux. Mauvaise élimination des toxines. Rumination. Colères rentrées. Nature anxieuse, inquiète, insatisfaite. Ce peut être aussi la couleur du fumeur, ce qui va avec les états d'anxiété. Rhumatisant si les doigts noueux.

Ongle gris : rare. Peut signifier une personne triste, pessimiste, ruminant ses griefs.

L'onychophagie : c'est l'habitude de se ronger les ongles. On retourne contre soi une agressivité que l'on se tait ou ne peut exprimer. Anxiété par sentiments de culpabilité. Rumination intérieure. Refoulement.

C'est un trait que l'on rencontre chez les enfants et plus particulièrement chez les adolescents. Si cet état est passager il faut relativiser et voir cela comme un épisode contraignant de la vie.

Si cette attitude devait perdurer jusqu'à l'âge adulte, il serait bon de consulter un thérapeute ou essayer de comprendre pourquoi ce mal-être. Ce peut être l'indice d'une angoisse profonde et/ou un appel au secours.

Quelquefois, les personnes qui arrêtent de fumer sans aide extérieur se mettent à se ronger les ongles. On peut penser alors que c'est un état passager.

L'onychotillomanie : plus rare que le cas précédent, mais plus impressionnant aussi et plus grave dans son sens pathologique. C'est un geste compulsif sur le pourtour de l'ongle créant une rougeur sanglante par usure des chairs, les boursouflant jusqu'au déchirement. C'est un geste destructeur qui cache un problème profond et n'est plus du ressort d'un dermatologue, mais d'un psychothérapeute.

Dès que la santé est en péril, l'ongle en porte les traces. S'il s'arrête de pousser, c'est un ralentissement de la bonne circulation de l'énergie, parfois un manque nutritionnel. Lorsqu'ils deviennent cassants ou se divisent, se dédoublent c'est un signe de déminéralisation. Les ongles fermes sont au contraire le signe d'un bon potentiel minéral.

Lorsqu'ils se parsèment de taches blanches, c'est l'indice d'une grande fatigue, de surmenage, voire nervosité, souvent dus à une mauvaise fixation du calcium, ce qui entraîne spleen, déficit de l'énergie en générale. Si les taches sont trop abondantes (surtout si les ongles sont étroits et cassants), ce pourrait représenter tétanie, spasmophilie, voire états dépressifs.

Lorsque la tache est à la base de l'ongle, la carence ou la maladie s'installe ; lorsqu'elle est au centre, on est en plein dans son problème de santé ; dès qu'elle dépasse le centre, le symptôme est déjà en phase régressive (voir dessin). Ceci est valable pour tous les signes qui apparaîtront sur l'ongle : taches, lignes, points, etc.

L'ongle se renouvelle en six mois. Ainsi vous

pouvez dater les marques qui s'inscrivent sur les ongles ; le centre représente trois mois.

Les ongles striés : si les stries sont multiples et en permanence sur tous les ongles, ce peut être le signe d'une hérédité défectueuse.

Une strie en relief horizontale, appelée « ligne de Beau », annonce qu'il y a un traumatisme (tenir compte du doigt sur lequel apparaît cette ligne de Beau). En général c'est un problème rapide et passager, mais violent, comme une opération par exemple.

J'ai vu des signes de Beau s'effacer lorsqu'il y avait résorption du trauma.

Elle forme un trait qui creuse l'ongle. Les stries longitudinales peuvent signifier un appauvrissement de l'organisme, voire son vieillissement. Si tous les doigts sont striés, parfois écaillés, il s'agit d'un état défectueux et parfois chronique. Si seul le pouce est concerné, besoin de se revitaliser.

« Toute comparaison faite du physique au moral est toujours juste, parce que la nature est si harmonieuse, qu'elle se reflète partout et toujours dans les trois mondes »

Desbarolles.

VIII

EXEMPLES D'INTERPRÉTATION

Main terre : consistance élastique. Peau épaisse. Pores dilatés. Couleur rouge. Non flexible. Éminence thénar (mont de Vénus) bombée. Éminence hypothénar (mont de la Lune) faible. Plaine de Mars plate. Mars thénar et hypothénar de même importance. Les monts sous les doigts sont plats. Doigts et ongles carrés. Pouce grand, insertion à tendance haute, angle droit. Jupiter plus long qu'Apollon. Mercure penché sur Apollon. Saturne moyen.

Interprétation : cette personne a une vue concrète des choses avec un sens pratique dominant (main terre). Elle a une bonne énergie qui circule bien (avec une consistance élastique plus un grand pouce).

C'est une personne qui sait se protéger et qui est apte aux activités physiques (terre et peau épaisse). Les pores sont dilatés, elle a du flair, de l'instinct. Sang rouge. Le sujet est combatif, dynamique. Non flexible = peu d'adaptation, peu de concession. Éminence thénar importante = sensorialité, la réserve d'énergie est puissante.

Éminence hypothénar faible = imagination pas influente dans le comportement, on passe vite à l'action à la préoccupation du quotidien. Plaine de Mars plate = pas de contrainte au niveau de l'inconscient, il y a donc, là encore, fluidité des énergies profondes. Mars thénar et hypothénar équivalents, pas de fatigabilité dans l'effort ; l'énergie se récupère en même temps qu'elle se dépense. L'expression affective est discrète (monts des doigts plats). Le pouce est long, on aime diriger, commander. Peu de concessions, là encore. L'insertion plutôt haute, l'énergie s'extériorise spontanément. Pouce à angle droit : besoin d'indépendance, de son libre arbitre pour agir. Jupiter plus grand qu'Apollon, on favorise sa vie sociale, plus que ses codes personnels. Mercure penché sur Apollon, la personne montre de la bienveillance envers les autres. Saturne moyen, on n'est pas obnubilé par sa sécurité et sa position sociale.

Résumons : nous avons affaire à une personne qui privilégie le monde concret, pratique. Elle est solide, a du flair. N'aime pas les compromis. Ne fait guère de concessions et son adaptation est faible, malgré qu'elle recherche le contact avec autrui et que son autorité et sa directivité gardent une certaine aménité. Ainsi, c'est une personne autoritaire, mais pas hautaine. Elle s'accorde des contacts attentifs avec autrui, dans sa vie sociale (Jupiter) et aussi d'une manière naturelle et instinctive. Ni particulièrement émotive ni impressionnable. Plutôt organisée et déterminée tout en gardant son enthousiasme. Malgré une nature ambitieuse, il n'y a pas forcément d'acharnement concernant sa position sociale ; cependant que sa vie sociale prime dans ses buts qu'elle veut atteindre, mais sans obsession de réussite. Cette personne doit avoir du charisme, car son assise et son autorité transparaissent (pouce et Jupiter importants).

Les sentiments sont peu exprimés. Personne concrète (Terre) et cérébrale (long pouce).

Cette configuration pourrait représenter le travailleur indépendant, l'artisan, l'agriculteur, le directeur de travaux, etc.

Main feu : consistance élastique. Peau moyenne. Pores resserrés. Couleur bleutée. Main raide. Les éminences thénar et hypothénar bombées, les monts également (tout ceci est propre à la main feu) Plaine de Mars creuse. Mars thénar plus important que hypothénar. Le pouce est moyen, l'insertion est moyenne, conique, recourbé en arrière à angle droit. La jointure de base du pouce est déboîtée. (hyper laxité ligamentaire). Jupiter est court, Saturne long, Apollon plus grand que Jupiter. Bout des doigts et ongles carrés. Une tache blanche au centre du pouce.

Interprétation : nous retrouvons les valeurs de la main feu, c'est à dire : affectivité, sensorialité, facilité et recherche des contacts, etc.

La consistance élastique indique une énergie bien répartie, la peau moyenne est un élément de protection : on ne se laisse pas trop envahir par ses émotions. Les pores resserrés sont une touche de cérébralité. La couleur bleue[1] donne un sentiment d'astreinte au moral comme au physique, voire quelques problèmes respiratoires. La main est raide, il y a des difficultés d'adaptation, une attitude un peu butée. Les éminences thénar, hypothénar sont importantes. Il y a une bonne réserve de force à employer qui s'exprimera facilement dans la sensorialité, la joie de vivre et des plaisirs de la vie. L'imagination sera un facteur onirique important, la plaine de mars est cependant creuse, une partie de la pulsion naturelle est retenue. Les intes-

1. Encore faut-il bien s'entendre sur ce terme. En fait le bleu se présente plutôt comme un rouge violacé.

tins peuvent être fragilisés et il se peut que l'on ait ressenti son enfance comme chargée de contraintes, d'autant plus que le sang est bleuté. Monts pulpeux : on communique son affectivité.

Le fait que Mars thénar soit plus important que hypothénar, il y a compétition à travers son comportement et ses entreprises mais fatigabilité.

Le pouce et doigts moyens donnent un bon équilibre entre raison et affectivité , une maîtrise sans autoritarisme, mais malgré tout la base est déboîtée, il y a donc une difficulté d'assise, de rigueur.

Le pouce est à angle droit : on a besoin de son libre arbitre pour entreprendre; il est conique et recourbé : il y a des perceptions aiguës, des idées personnelles, un point d'ingéniosité.

Les doigts et les ongles sont carrés, on s'applique à être organisé. Doigts moyens, tendance synthétique, les contacts se veulent agréables. Jupiter est court et Apollon long, intériorité, référence en soi-même de ses propres conceptions, mais un point de timidité (Jupiter court). Saturne long, on recherche une sécurité, sans doute affective (feu), et responsable vis à vis des personnes avec qui l'on a pris des engagements personnels, sentimentaux.

La tache blanche sur le pouce, en son centre, indique que le sujet est dans cette période présente, fatigué ou surmené, voire déprimé, avec manque de minéraux.

Résumons : personne sentimentale, sensorielle, communicative, mais aussi sélective, car elle ne s'adapte pas facilement aux circonstances ou aux personnes qu'elle n'aurait pas choisies. Elle peut se buter, c'est sa manière de se défendre, car elle ne soutient pas toujours une régularité de comportement (pouce déboîté).

Il y a un côté épicurien, malgré une retenue au plus profond de soi-même (plaine de Mars creuse). Mais il ne faut pas croire que toutes les déficiences soient forcément négatives ; une certaine retenue, même basique, n'est pas systématiquement un handicap. Ici elle exprime une retenue viscérale, c'est un point de personnalité contraire à la main feu typique, on peut dire que toute cette exubérance vitale, a un coup de frein au départ, et indique une retenue de la pulsion profonde (paume).

Dans ce cas, le sujet s'impose une réduction inconsciente de ses élans primaires, il y a un fondement de crainte que l'on vit dans un automatisme intérieur, car il fait partie de l'inconscient. Il est possible que ce sujet ait ressenti son éducation comme contraignante, et que ce ressenti lui laisse un malaise d'expression[1]. D'autre part, la couleur

1. Je reste persuadée que certaines plaines de Mars creuses doivent se présenter dès la naissance, comme une transmission familiale. Voir les nouveaux nés ; les bébés ont déjà leurs tracés palmaires très présents. Dès la vie fœtale, ils sont déjà apparents. Hérédité, et transmission maternelle.

bleutée accompagne cette observation, dans le sens de contrainte d'une part de soi-même.

Cette personne a besoin de sécurité, et l'on peut penser alors à une sécurité affective.

Elle peut aussi donner de l'affection aux animaux car il y a, malgré tout son besoin d'attachement, une attitude de timidité qui peut se compenser dans l'amour des animaux (Jupiter court). Il prend référence en lui-même, il a une autonomie de penser (Apollon). Cependant il peut manquer de fixité dans certains comportements (pouce déboîté) [1] et se buter par compensation (main raide). Il y a ici, une tension entre les deux aspects : pouce déboîté et main raide, à la fois lascivité et obstination.

Malgré sa timidité, il cherche à être compétitif, peut-être conquérant sur le plan affectif. Imagination onirique. La personne est dans une période de mal être (taches).

Main eau : consistance molle. Peau fine. Pores dilatés. Couleur du sang blanche. Main très flexible. Eminence thénar plate, éminence hypothénar renflée. Les monts légèrement bombés, Mars thénar effacé, Mars hypothénar plus consistant.

Le pouce est moyen. Angle à tendance aigu. Insertion moyenne. Les doigts frêles, leurs extré-

1. Le pouce déboîté est une déficience importante qui peut indiquer un manque de rigueur.

mités et ongles sont coniques. Les doigts se retournent en arrière. Jupiter, Apollon sont d'égale longueur. Saturne est le doigt le plus long. Mercure se détache de l'ensemble.

Interprétation : nous avons affaire à une personne qui a une petite constitution (main molle), sensible (eau), délicate, réceptive, vulnérable (avec peau fine), qui a du flair (pores dilatés), peu d'énergie, lymphatisme (sang blanc plus main molle), particulièrement adaptable (main très flexible). Éminence thénar plate qui accompagne ce que l'on vient de définir, c'est à dire une petite vitalité. L'éminence hypothénar bombée, cette personne vit essentiellement dans son imaginaire, elle s'exprime affectivement, mais modérément (monts légèrement proéminents). Elle ne s'épuise pas dans l'effort, mars thénar est plus faible que l'hypothénar, elle ne consomme pas toutes ses réserves d'énergie. Cet aspect la rend également effacé et l'éloigne d'un esprit compétitif (ce qui ménage ses forces).

Le pouce moyen la soutient malgré son petit potentiel de vitalité, à diriger sa vie selon son contenu ; l'angle à tendance aiguë la dispose à communiquer spontanément et son insertion normale équilibre son attitude sans outrance dans l'approche ou le retrait d'avec autrui. Les doigts sont moyens mais surtout ils sont frêles, ce qui lui donne peu d'affirmation et d'assurance dans le contexte social. Cependant elle surmonte cette difficulté car le pouce gére assez bien l'ensemble. La conicité des doigts la rend très réceptive avec sa main eau. Ils se retournent en arrière, cette personne a des dispositions à la médiumnité (voir la ligne de tête pour confirmer). On peut penser qu'elle a un naturel sincère, voire un peu naïf.

Elle est à l'écoute autant de l'extérieur que de son intérieur (longueur équivalente Jupiter, Apollon).

Saturne dominant, besoin de se sentir dans un contexte sécurisant et lui apporte également le sens des responsabilités. Mercure se détache des autres doigts, elle essaye de se déconnecter de la sensibilité dans une recherche d'objectivité.

Résumons : cette personne a une constitution faible, délicate, sensible, réceptive, voire médiumnique. Elle sait néanmoins gérer ses énergies, et ne se trouvera jamais dans un état d'épuisement complet. Lymphatique et adaptable, elle compense assez bien ses faiblesses quand elle se trouve dans les situations rassurantes. Forte imagination où s'élaborent les rêves qu'elle ne peut réaliser. Elle est très intuitive. Elle a peu de force d'affirmation.

Il est possible que manquant de globules rouges (sang blanc), elle a tendance à l'anémie.

Elle devrait se sentir bien dans le fonctionnariat

qui lui créerait une stabilité rassurante d'emploi. Elle aimera écrire son journal intime.

Elle pourrait également écrire des œuvres littéraires où l'imagination pourrait s'épanouir et exprimer ses rêves. Voir aussi certains métiers de contact, commerciaux, hôtesse, etc.

C'est une main typiquement féminine.

Main air : consistance dure. Peau moyenne (ni épaisse, ni fine). Pores resserrés. Couleur du sang jaunâtre. Main peu flexible. Éminences thénar et hypothénar plates (marque de la main air), plaine de mars légèrement bombée. Mars thénar important, hypothénar faible. Les monts effacés. Doigts longs, noueux. Bouts et ongles carrés. Grand pouce, angle droit, insertion moyenne. Phalangine plus longue que phalange et phalangette[1]. Jupiter plus grand qu'Apollon. Saturne et Mercure sont longs. Toutes les phalanges des doigts sont rétractées. Une bague sur le doigt de Mercure.

Interprétation : cette personne est résistante. Fixée sur ses valeurs et point de vue (consistance dure), elle se protége naturellement, peau moyenne, selon l'adage « elle a le cuir solide », les

1. Ne pas oublier qu'il y a une proportion à respecter ; que la phalange est naturellement plus longue, puis la phalangine et enfin la phalangette. Mais que l'on comprend à l'observation des proportions, celle qui est la dominante.

pores resserrés, ce qui va bien avec la main air, on est plus dans l'intellectualité que dans le sensitif. La couleur du sang est jaunâtre. Il y a un sentiment d'insatisfaction permanente. Cette personne est soucieuse. Peut avoir des problèmes hépatiques[1], d'intoxication médicamenteuse ou alimentaire. C'est avant tout un indice d'anxiété. L'adaptation est réduite (main peu flexible), avec la consistance dure. Peu de perméabilité aux idées d'autrui. Les deux éminences sont plates, ni l'imagination, ni la sensorialité apparaissent ; cependant réaction directe de ce qui vibre en soi, pas de retenue viscérale (plaine de mars plutôt bombée).Tendance agressive, combative. Mars thénar développé et faiblesse de mars hypothénar. Épuisement rapide. On peut penser que l'agressivité, comme c'est une main air, qu'elle s'exprime par la parole, la défense de ses idées, son rationalisme. Les monts effacés, on ne s'arrête guère dans la sphère affective.

Les doigts longs et carrés signent la typologie de la main air, c'est à dire réflexion, analyse, secondarité, rythme lent, etc. Et de plus les doigts noueux marquent un arrêt de l'exécution des actes, au profit de la cogitation. Les doigts et ongles carrés indiquent encore organisation, méthode et précision.

1. Avec un sang jaune qui n'est pas permanent, ce peut être une personne qui prend des antibiotiques ou a des toxines dans le sang d'une manière passagère. La marque d'un fumeur peut également engendrer un sang bleuté.

Le long pouce montre l'autonomie, voire autorité du sujet, une affirmation nette de ses idées, opinions (air), que l'on cherchera à imposer (mars thénar). Pouce à angle droit, on a besoin de son libre arbitre pour accomplir ses tâches. Jupiter long accroît l'impact sur autrui, ici, par la conviction intellectuelle. Saturne long = sens des responsabilités, besoin d'être conforme et représentatif de ses idées ; on recherchera une position stable, homologuée, reconnue socialement et officialisée. N'aime pas les situations marginales, mais est capable de les affronter ou de les négocier (pouce long).

Mercure long indique le stratège et ajoute à l'affirmation de grand pouce. De plus il est souligné par une bague, il confirme l'importance que l'on donne aux buts, que l'on veut atteindre et la valeur que l'on apporte à son jugement. Les phalanges rétractées exprimer encore de la mesure de l'application et le peu d'intérêt pour le confort, le sensoriel.

Résumons : le sujet est résistant, peu souple, dans ses idées et ses contacts. Il aime se conformer aux principes établis, c'est avant tout un intellectuel, peu chaleureux quoiqu'il recherche les contacts.

Il impose facilement ses doctrines.

Il est rationnel, méthodique, précis, qualitatif,

sérieux. Ces convictions sont irréversibles. Il cultive volontiers l'abstraction, la théorie ; il défend ses points de vue avec certitude.

Sa parole est percutante, voire agressive ; il est apte à la polémique. Il n'est ni envahi par son imagination, ni par son affectivité ; il va directement à la réflexion, à l'analyse.

C'est une personne qui est sûre d'elle-même et sait imposer ses idées, ses théories, etc. elle est convaincante. Elle peut se montrer brillante. Compétitive dans les discussions. Elle n'en a pas moins quelques ressentis contraignants, un fond d'insatisfaction (sang jaune) et de possibles épuisements lorsque l'on a jeté toutes ses forces dans un affrontement (mars hypothénar faible). Cependant cela se percevra difficilement car le pouce et Saturne sont dominants, ainsi que Jupiter qui accompagne la représentation. Il y a des forces dans cette main, mais aussi des faiblesses notoires. Toute la partie la plus intérieure est déficiente (les hypothénars), alors que les valeurs d'extériorité sont puissantes, pouce Jupiter, sans parler du mars thénar qui exprime la pulsion. Et c'est peut être là qu'est l'effort d'une représentation qui entraîne quelques manques, comme par exemple l'effacement de l'affectivité. Le pouce dominateur portera l'individu dans sa maîtrise et la direction de ses buts et principes.

Peu de besoins physiques, un certain ascétisme est possible.

On peut trouver ces personnes dans l'ingénierie, l'informatique, les mathématiques, la comptabilité, les métiers de direction, les finances, les instructeurs, formateurs, les théoriciens, les politiciens, les syndicalistes. Besoin de pouvoir par l'intellectualisme.

Main mixte (feu et eau) : comment se présentera-t-elle ?

On devrait trouver une paume carrée, rebondie, pleine, qui serait l'élément feu et des doigts fuselés, moyens à bouts coniques.

Éminences thénar et hypothénar charnues. La plaine de mars normale, les mars thénar et hypothénar importants, les monts renflés. La peau fine. Les pores dilatés. La couleur du sang rouge. Le pouce est en bille. De taille moyenne. Les doigts coniques avec ongles très courts. Les phalanges sont pulpeuses, les phalangines longues et phalangettes courtes.

L'angle du pouce est obtus et l'insertion basse.

Jupiter est plus court qu'Apollon. Saturne n'est pas dominant. Mercure est à tendance courte.

Interprétation : la mixité du feu et de l'eau donnera une personne chaleureuse, sensible, affectueuse, sensorielle et réceptive. La plaine de mars libère normalement la pulsion, sans retenue particulière. Les mars thénar, hypothénar sont équilibrés, ce qui donne un mouvement fluide des énergies. La peau fine va avec la sensibilité « à fleur de peau » des valeurs eau. Les pores dilatés donneront de l'instinct, du flair. Les monts renflés, ainsi que les éminences sont des configurations normales du feu, et vont souligner les valeurs chaleureuses et affectives du sujet. Le sang rouge est un indice de dynamisme, de comportement fougueux, ce que va nous confirmer le pouce en bille. Les doigts coniques indiquent la réceptivité et les ongles très courts, un esprit critique assez pointu. Les phalanges pulpeuses apportent de la sensorialité ; le sens de la matérialité, les phalangines sont longues ; il y a donc une tournure d'esprit qui s'arrête sur le quotidien, d'autant plus que les phalangettes sont courtes, nous confirmant la disposition vers une construction pratique et matérielle.

L'angle du pouce est obtus, et l'insertion basse : c'est une configuration chargée de craintes et d'appréhensions vis à vis de l'extérieur. S'il y a de l'originalité, voire de la marginalité, il peut y avoir pas mal de tiraillements dans cette personnalité. N'oublions pas que nous avons un pouce en bille. Il y a ici, une forte contradiction entre l'impulsivité, l'attitude intempestive du pouce en bille et le recul, l'angoisse que peut indiquer cette conjugaison du pouce obtus à insertion basse. La personne aura tendance à se rétracter, puis à réagir d'une façon fulgurante. EIle sera déroutante, inattendue. Elle-même se sentira perturbée par ces courants contradictoires, elle aura, facilement le sentiment d'être incomprise, pourra se sentir culpabilisée par ses attitudes, brusques, que l'on n'attendait pas.

Apollon plus long que Jupiter renforcera la difficulté de l'extériorisation, il aidera aussi à une réflexion personnelle. Le doigt de Saturne est moyen, cette personne ne s'attarde pas spécialement sur sa sécurité. Il a une bonne dimension qui permet un équilibre dans la continuité des tâches sans obsession. Mercure à tendance courte, va donner de la maladresse, de l'étourderie par irréflexion.

Résumons : c'est une personne sensible, affectueuse, mais très imprévisible dans ses réactions qu'elle a du mal à dominer.

Au fond d'elle-même, elle a beaucoup de craintes et d'appréhensions.

Elle accumule un ressenti riche, vu la sensibilité qu'elle déverse d'un coup sans calcul, mais aussi sans ménagement.

Elle peut se retirer en elle-même et se sentir mal comprise.

Elle a l'esprit critique et ses colères peuvent dépasser sa pensée. Elle s'engage avec intensité dans ce qu'elle vit et ce qu'elle fait, malgré ses appréhensions.

Elle garde une certaine stabilité de ses forces, elle

a un fond de santé honorable, mais peut être sujette à l'hypertension, voire aux problèmes cardio-vasculaires.

Elle a de l'imagination. Elle peut se montrer marginale, une forme d'extravagance dans le comportement à cause de certaines contradictions qui portent aux extrêmes.

C'est un être sensible qui souhaite un échange affectif, mais qui sans doute y parviendra difficilement ; voir les lignes pour confirmer. Les doigts coniques activent encore sa sensibilité et la fragilisent en même temps. Sensorialité et encrage dans le quotidien font partie de cette personne.

Dans quel milieu actif pourrait-elle évoluer ?

Le monde artistique : théâtre, peinture, création, écriture. Là où elle pourrait s'exprimer sans qu'il y ait un contact contraignant et une possibilité de se manifester avec spontanéité.

Dans cette main mixte je vous ai exposé un cas extrême, fait de contradictions, je pense assez rares, entre le pouce en bille et les insertions basses qui sont tellement opposées.

Mais c'est dans le but d'aiguiser votre recherche en faisant parler des combinaisons peu communes et qui peuvent dérouter l'observateur.

Ce qu'il fallait retenir également, c'est apprendre à saisir les points essentiels qui doivent retenir votre attention. Il est bien évident, qu'ici, l'observation des phalanges n'apportera qu'un petit plus, par rapport à ce grand écart qui s'affiche entre la configuration du pouce et son angle obtus.

Là vous trouverez un apport déterminant, dont tous les autres paramètres seront relatifs.

Par ailleurs, ceci ne veut pas dire qu'il faille les négliger ; ils ont un sens aussi. On l'a vu !

AUTRES EXEMPLES DE MAINS MIXTES

Soulignons encore qu'une main mixte ne présente pas systématiquement que deux éléments, certaines renferment les quatre. Ce qu'il faut déterminer alors, c'est quel sont les plus dominants.

Feu et air : elle se présenterait avec une paume pulpeuse, et de longs doigts un peu noueux [1]. Nous ne définissons pas la paume puisqu'elle aura la typologie de l'élément feu. Retenons seulement une plaine de mars creuse et un mars hypothénar plus renflé que le thénar.

Sang rosé, peau moyenne.

Doigts longs, pouce de taille normale ; Jupiter plus grand qu'Apollon. Ongles en amande.

Interprétation : la paume qui est l'être profond, nous montre un individu chaleureux dirigé par son affectivité.

1. En principe les mains feu ont des doigts moyens, pulpeux et arrondis ou carrés.

La plaine de mars creuse indique que le sujet a une retenue inconsciente de son être profond, voire aussi les intestins fragilisés.

Mars hypothénar plus fort que le thénar, soulignent que la personne garde une force intérieure qui la rendra plus solide que compétitive.

Le sang rosé indique une fluidité des énergies, un fond d'optimisme.

Peau moyenne, la sensibilité n'est pas exacerbée.

Doigts longs et noueux désignant l'apport de l'air dans cette main. L'individu est réfléchi, sa réflexion a une tournure analytique.

Il pratiquera une élaboration des sentiments qui permettra une tendance à l'objectivité, malgré un ressenti intime de ses émotions qui constitue l'être moteur (paume feu) [1].

Il s'exprimera avec précision, pondération, douceur. Habile dans ses échanges, diplomate, disponible (ongles en amande).

Il s'intéressera aux détails. Il aime comprendre pour agir (doigts longs).

Intellectualité qui prend racine sur un terrain sensoriel et affectueux. On peut donc conclure que sa recherche d'objectivité ne peut être qu'une

1. Rappelons, s'il est nécessaire que la paume exprime le fondement de l'être, c'est à dire sa réalité interne, tandis que les doigts sont l'être social, tel qu'on le perçoit.

démarche intellectuelle, car le fond de l'être est pétri de sensation et de sentiment.

Le pouce moyen assure une autonomie naturelle sans préhension sur autrui, ni effacement de son égo. Jupiter plus long qu'Apollon lui donne de l'ambition, de l'aisance dans les contacts, sa vie sociale.

Le grand Saturne nous montre que cet homme a de la rigueur, qu'il ne craint pas les responsabilités, et que de bien établir sa situation pour sa sécurité personnelle et des siens, sera un but dans sa vie.

Mercure se penchant sur Apollon, accompagnera la chaleur affective de la paume et un fond de gentillesse qu'accentueront les ongles en amande.

Résumons : le sujet est un sentimental, cependant il analyse, cultive sa cérébralité et la réflexion. Il filtre ses sentiments et sa sensorialité afin de les mesurer dans son expression.

Il a de la retenue au fond de lui-même. Il base néanmoins sa vie sur les échanges qui lui serviront dans sa réussite sociale.

Il est plus ambitieux que compétitif. Sa sensibilité est normale, sans excès, ni absence ; il se sent bien dans ce qu'il fait, ce qu'il vit (sang rosé). Il est naturellement affable et doux.

Il y a équilibre entre la tête et le cœur (voir les

lignes qui correspondent). Il prend son temps pour s'exprimer. Il aime les détails, analyse.

Il s'efforce à une intellectualité objective qui est plus théorique que réelle. C'est un être de commerce agréable, conciliant et plein de bonne volonté. Il assume ses responsabilités, les apprécie même.

Il est sensible aux avis d'autrui, et surtout à leur estime, il ne recherche pas la solitude.

Intestins sensibles (plaine de mars). Quelques tendances rhumatisantes (doigts noueux).

Sa sensorialité le prédispose au confort et ses ongles en amande à l'esthétique.

Cette personne peut s'adapter et se qualifier dans divers métiers ou activités : représentants, commerciaux, management d'entreprises, enseignants, formateurs, instructeurs, parfumeurs, pharmaciens, médecins, etc.

Eau et air : nous trouverons une paume étroite (eau), plus longue que large, et des doigts longs (air).

La peau sera fine, les pores resserrés, main froide, humide, consistance élastique, sang bleuté, très flexible, les doigts longs et frêles, les ongles en datte avec lunules et gouttes d'eau sur les phalangettes.

Doigts coniques ; éminence thénar plate ; hypothénar un peu plus renflé ; la plaine de mars est normale; le mars thénar effacé; l'hypothénar plus rempli; les monts sous les doigts sont apparents.

Parmi les phalanges, ce sont les phalangines qui dominent.

Le pouce est moyen, conique, en arc (il se retourne en arrière). La phalangine est pincée (pouce en taille) et la phalangette est longue.

Saturne et Apollon seront dominants.

Interprétation : on sent très vite que cette personne est délicate dans tout le sens du mot. Il y a un aspect de fragilité où l'on trouvera, malgré tout, des points forts.

C'est une main naturellement féminine, cependant toujours possible chez un homme, mais alors aspect péjoratif.

La partie eau qui se comprend dans l'étroitesse de la paume, indique déjà un petit potentiel de résistance. Les doigts sont longs et frêles, il y aura certes de la réflexion, de l'analyse, cependant par la consistance des doigts frêles, on déduit que cette personne est effacée, timide et s'affirmera difficilement dans sa vie sociale et face à l'autorité.

La sensibilité est superlative (peau très fine), là non plus, elle ne se défend pas.

Les pores resserrés impliquent encore du raffinement, de la cérébralité.

La main est froide, c'est une personne sélective, réservée. Cependant nous avons une consistance élastique qui lui donne un support de santé stable, malgré son petit potentiel.

La main est très flexible, elle s'adapte donc avec une grande facilité aux situations qui se présentent à elle.

Éminence thénar plate : la réserve de vitalité est amoindrie et va avec la typologie de l'ensemble. Peu d'appétit des sens. Le mont de la Lune (éminence hypothénar) est plus bombé, le monde onirique est présent ; on peuplera son imagination de tout ce que l'on ne saurait exprimer, affirmer.

Les mars accompagnent cette analyse ; le thénar effacé souligne qu'elle n'est ni combative, ni agressive, tandis que l'hypothénar bombé renfloue son intériorité et lui permet de maintenir ses forces, sans les épuiser. Elle sait se préserver dans l'effort et garde une réserve qui lui laisse l'égalité de son potentiel.

Les monts sont présents, elle s'exprime à travers ses sentiments.

Le sang est bleuté, il y a donc une impression de contrainte, on ne peut exprimer tout ce que l'on ressent, sensation d'entrave.

D'après l'ensemble chirognomonique on peut penser à une respiration défectueuse qui accompagne le sentiment d'étouffement. Et surtout si le doigt de Jupiter devait présenter des stries, des points ou des taches.

Les doigts ont des lunules, c'est un nouveau soutien pour la circulation des énergies.

Les doigts coniques et les ongles en dattes vont confirmer une vulnérabilité par une sensibilité à « fleur de peau ». Les gouttes d'eau sur les extrémités digitales indiquent la sensation tactile qui lui donnent une sensitivité particulière du toucher.

Dans les doigts ce sont les phalangines qui prédominent, donc il y a un bon passage entre la sensation (phalange) et l'abstraction (phalangette). Cela lui permet de bien communiquer sur le plan pratique du quotidien.

Le pouce moyen ne peut que jouer un rôle favorable dans cette personnalité et lui permettra d'assumer les fragilités existantes de sa main. Il est conique, il garde les valeurs de sensibilité et cérébralité. Le pouce est en taille, c'est à dire la phalangine pincée, ainsi il continue dans la même approche de sensibilité et de raffinement. Sa phalangette est longue et arquée [1]. La longueur lui permet une maturation du comportement, et l'arc la richesse des idées, une certaine originalité mais aussi une grande émotivité, réceptivité.

Saturne et Apollon sont grands, ils désignent à la fois le besoin d'être rassurés (Saturne) et l'intériorité et son autonomie de penser (Apollon).

1. Appelé pouce en arc.

Résumons : c'est une personne sensible, sensitive et cérébrale. Raffinée, émotive, sélective, intimiste.

Peu de défense face aux personnes dominantes. Elle s'adapte avec beaucoup de facilité dans de multiples circonstances. On devinera peu la richesse de ses idées et de ses émotions, à cause de sa nature timide, effacée. Elle gagnera à être connue. Elle redoute les situations extrêmes, la vulgarité.

Elle saura néanmoins se préserver, car elle sait jusqu'où elle peut aller dans l'effort.

Elle a plus de volonté et de maturité qu'il n'y paraît. Elle aime analyser les situations, les passer au filtre de son intellectualité, elle a une autonomie de penser même si elle l'affirme peu ou mal. Elle prendra lentement ses décisions. Recherchera une sécurité, soit dans l'union, soit dans une situation. Elle ne repousse pas les responsabilités, mais ne se mettra jamais en avant.

Elle a le sens tactile. Elle ne peut exprimer ou valoriser tout ce qu'elle ressent et ce qu'elle est. Aussi se servira-t-elle de son imagination pour y mettre tout ce qu'elle ne sait démontrer. Ce sera le fourre-tout de son sentiment d'impuissance.

Sa main humide exprime encore son émotivité, et froide sa sélectivité.

Elle sera à l'aise dans une activité artistique ou créatrice : styliste, décoratrice, couturière, brodeuse, dentellière, tapissière ; dessin de mode, dessin en général, joaillerie, arts graphiques, histoire de l'art, acteur de théâtre, romancière, bibliothécaire, etc.

Terre et air : les caractéristiques seront donc la paume carrée, large, et les doigts longs.

Éminence thénar et hypothénar seront consistantes, sans être trop dilatées[1]. Les mars thénar et hypothénar équilibrés, plutôt conséquents. Les monts sous les doigts sont absents, la consistance est dure, peu de flexibilité, peau épaisse, pores dilatés, sang rouge, main chaude. Les doigts seront longs, charpentés, rectangulaires, c'est à dire que, de la base à la pointe, ils auront le même calibre, doigts carrés en quelques sortes ; cependant, le bout des doigts, les ongles seront spatulés et rouges. La phalange sera la plus importante des trois sections du doigt.

Jupiter et Apollon sont semblables, Saturne moyen, pouce et Mercure longs, pouce spatulé avec angle droit, insertion moyenne, phalangine importante. Une ligne de Beau sur Jupiter.

Interprétation : la personne s'appuie sur des valeurs concrètes, pratiques, réalistes (paume carrée ; terre). Cependant elle a le sens de l'élaboration (doigts longs et bien construits : air).

1. Ce qui serait du domaine du feu.

Les deux mars thénar et hypothénar sont bien remplis tous les deux ; il y a donc une stabilité dans l'effort. Les monts sous les doigts sont insignifiants ; les échanges ne s'attardent pas sur le monde affectif.

La consistance est dure, il y a une bonne résistance physique, flexibilité faible, peu d'adaptation, ces deux configurations laissent entendre une personne tenace, obstinée qui a des principes et ne fléchit pas.

La peau est épaisse, elle a le « cuir solide », elle n'est pas envahie par une sensibilité omniprésente. Les pores dilatés : c'est le flair, l'instinct.

Le sang est rouge, on retrouve chez cette personne le tonus, le dynamisme (déjà entrevus). Elle est ardente, passionnée.

Les doigts sont longs de constitution carrée, montrant une grande capacité d'organisation, et d'exécution ; de solidité et d'élaboration. De plus nous avons les bouts des doigts et ongles spatulés, c'est encore une vigueur prompte, un dynamisme créateur, de l'impétuosité avec le sang rouge. Vu l'ensemble, on trouvera une certaine désinvolture vis à vis des faiblesses ou sensibilité d'autrui. Les phalanges dominent : tendance à vouloir réaliser dans l'immédiateté ses désirs, d'aspect jouissif.

Le pouce est long, spatulé, comme les autres doigts, à angle droit et insertion moyenne.

Cette personne est sûre d'elle-même, elle est

autoritaire, ne se laisse pas impressionner ; l'angle droit ne fait que souligner son autonomie, ainsi que l'insertion moyenne qui n'exprime aucune dépendance. La phalangine du pouce est longue, contrairement aux autres doigts où la phalange domine.

Elle s'intégrera avec les doigts longs qui expriment la réflexion. Jupiter et Apollon présentent la même dimension.

Le sujet est donc tout autant à l'écoute du monde extérieur qu'intérieur. Mercure est long, et renforce son flair et son savoir faire et l'atteinte de ses buts. Le médius est moyen, il n'y a pas d'obsession de réussite, mais pas de laisser-aller non plus, il n'est pas court et surtout le pouce est grand.

La ligne de Beau sur Jupiter indique qu'il y a eu un trauma concernant sa santé. Vu l'ensemble chirognomonique, on songera à une intervention sur un organe digestif (Jupiter), plutôt que respiratoire[1]. Ce pourrait être une opération de la vésicule biliaire Notons encore que ces lignes, qui n'ont rien d'héréditaires, ni génétiques, mais plutôt des accidents de parcours, peuvent s'effacer au fil du temps, lorsque l'organe a récupéré ou compensé sa force.

Résumons : cette personne est solide physiquement et psychiquement. Elle a du flair sans trop de

1. Pour opter sur les organes respiratoires, il faudrait des ongles étroits, bleutés, coniques ou pointus.

sensibilité, elle n'en est pas moins créatrice. Elle est autoritaire, indépendante, intransigeante avec un ego puissant. Ses pulsions sont promptes et exigeantes mais elle est aussi cérébrale (pouce et doigts longs), sait se dominer.

Elle aime commander, diriger sans être assujettie à sa réussite, elle préfère son autonomie aux contraintes sociales (Saturne).

Elle peut être provocante sans gêne, voire extravagante. Ne plie pas devant l'obstacle, a des certitudes. Est concrète et sait mettre ses idées en avant et en pratique. Elle aime son confort matériel ; y parviendra plus par la confiance qu'elle a en elle-même que par un souci d'ambition (Saturne moyen).

Elle a tendance à rejeter tout ce qui est entrave ou obligation. Pas de sentimentalité, cependant elle peut communiquer avec fougue et enthousiasme (mains chaudes, sang rouge, doigts spatulés, etc.), mais sans fléchir, ni concessions (voir consistance, flexibilité, pouce).

C'est une personne qui ne passera pas inaperçue dans un groupe. Elle est créatrice, on peut la rencontrer dans des professions libérales, de direction, activité où l'on peut exprimer de la créativité : sculpteur, statuaire, bronzier, ferronnier. Chirurgien, dentiste, kinésithérapeute, ostéopathe. Entraîneur sportif, etc.

Terre et eau : nature pratique et sensitive ; consistance molle, flexibilité moyenne, sang blanc, main humide, peau fine, pores resserrés, taches brunes sur la main, plaine de mars creuse ; éminence thénar légèrement bombée, l'hypothénar plus importante. Mars thénar plus conséquent que mars hypothénar. Les monts sous les doigts à tendance bombés. Jupiter est court, Saturne, Apollon longs, Mercure court. Bague sur Saturne. Les phalangettes dominantes. Ongles étroits (plus longs que larges). Le pouce est court, avec une certaine épaisseur, à insertion haute et angle aigu.

Interprétation : la consistance nous indiquera tout de suite que la résistance est faible, ceci est confirmé par le sang blanc, tendance anémique, manque de globules rouges, lymphatisme. La main humide indique l'impressionnabilité et possible problème endocrinien (voir si cette moiteur est permanente ou passagère)[1]. Peau fine et pores resserrés : sensibilité et appoint de cérébralité. Les taches brunes indiquent un vieillissement prématuré si la personne est jeune, sinon c'est un effet de l'âge.

L'Apollon long marque l'intériorité, la pensée personnelle, cependant Mercure court indique un manque de subtilité. Saturne long, de plus souligné par une bague est un besoin de sécurisation.

1. Chez les personnes impressionnables, le seul fait de montrer sa main, elle s'humidifie.

La plaine de mars creuse indique un élan naturel contraint, sans doute crainte dès l'état fœtal.

Fragilité intestinale.

Éminence Thénar légèrement bombée, il y a malgré tout, une réserve d'énergie, tandis que l'hypothénar est faible.

On ne s'attarde pas dans l'imaginaire, on passe vite au quotidien.

Mars thénar plus fort que l'hypothénar : il y a une forme de compétition, sans pouvoir soutenir l'effort, ce qui entraîne de l'agressivité par sentiment d'impuissance.

Les monts sous les doigts sont présents, ils indiquent des réactions affectives dans les échanges et les situations à vivre.

Jupiter court : il y a peu d'impact sur l'extérieur. On se sentira plus à l'aise avec le monde animalier que dans les rapports avec ses semblables. Sentiment d'infériorité. On est à l'écoute de son moi profond mais on a du mal à s'exprimer (grand Apollon). Besoin de sécurité (Saturne long). Défaut de jugement (Mercure court). Les ongles étroits ajoutent un état passif et fragilisent l'ensemble.

Le pouce est court et garde une certaine consistance, il y a, là encore, plus d'aisance dans l'affectivité que l'affirmation de la personnalité. Avec l'insertion haute et l'angle aigu du pouce l'ensemble nous fera dire : spontanéité des sentiments, lorsque l'on n'est pas intimidé.

Résumons : tempérament lymphatique, petite résistance, faible tonus, sujet impressionnable, sensible, réceptif, adaptable, soumis à l'extérieur. Peut cependant réagir avec agressivité par sentiment d'infériorité ; ce sera sa façon de se défendre. Jugement incertain. Contacts par affectivité, mais difficultés sociales, peut compenser par l'amour des animaux. Vieillissement précoce, si personne jeune.

Psychisme fragile, besoin de sécurité. Immunité amoindrie.

Cette personne pourrait trouver une activité dans une administration qui serait un contexte sécuritaire ; voire s'occuper de personnes âgées. Standardiste. Métier permettant un contact avec les animaux. Commerce de toilettage, S.P.A., etc.

Pour ne pas alourdir le texte, dans le cadre de cet ouvrage, nous n'avons pas fait de comparaison entre la main droite et la main gauche. Cependant c'est une observation qu'il ne faudra pas négliger. Car vous apercevrez des différences parfois surprenantes, des pouces qui ont pris plus de consistance, des paumes qui se sont étoffées, des longueurs de doigts qui ont muté, par exemple dans une main, un Jupiter qui s'est allongé par rapport à Apollon ou vis et versa. Ces observations nous ferons comprendre l'évolution de la personne ; c'est la main droite qui s'est développée par rapport à la gauche [1] et si cela devait être le contraire, on en déduirait une régression du sujet qui n'a pas pu développer tout son potentiel, soit par une répression extérieure, soit par état personnel.

N'oubliez pas d'inverser l'exploration s'il s'agit d'un gaucher où la gauche sera naturellement porteuse de son expression d'avenir évolutif.

1. À noter encore que si la différence devait être trop importante ce ne serait plus une évolution, mais une dichotomie.

« Dieu a placé des signes dans les mains de tous les hommes, afin que chacun connaisse ses œuvres »

Livre de Job (37-V-7)

« La loi du Seigneur sera inscrite sur ton front et dans tes mains »

Moïse.

IX

LE TRACÉ PALMAIRE

Nous allons aborder maintenant, ce que tous les étudiants attendent, les lignes de la main.

Cependant, pour les entreprendre il est absolument indispensable de posséder la chirognomonie, afin de bien interpréter l'ensemble du graphisme palmaire. Il est bien évident qu'un tracé faible dans une main résistante n'aura pas le même impact sur une main fragile, l'un affronte, l'autre subit.

Rappelons encore, que les lignes donneront les grands aiguillages de la vie, les transformations notoires et non pas les évènements du moments qui nous tiennent à cœur[1], mais qui ne produisent aucun effet sur le destin profond.

1. Pour cela, consultez l'ouvrage : Transits et Révolutions Solaires en Astrologie de L. Souvay aux Éditions Bussière.

Ne pas omettre de vérifier les deux mains et si les traits sont différents, c'est sur la main droite que se portera votre conclusion (inversez pour un gaucher).

Nous avons différents sillons : profonds, superficiels, larges, fins.

Profonds et larges : la vitalité de l'individu est optimum.

Larges et superficiels : il y a également de l'énergie, mais déperdition.

Fins et profonds : toujours intensité de l'énergie, mais la disposition est moins physique, plus cérébrale.

Fins et superficiels : peu de vitalité, peu de réaction, peu de concentration.

Les lignes n'ont pas systématiquement un sillon régulier; chaque fois que le tracé se modifie le vécu prend une autre forme. Intensification ou démobilisation des engagements, etc.

Plus le trait est incrusté, plus il y a consolidation de la période que l'on vit. Une ligne qui se désintensifie indique perte dynamique, donc une capacité à réaliser ses entreprises.

Quelles nouvelles connaissances nous apporteront les lignes de la main ?

— Nouvelles observations de certaines dispositions de l'individu.

— Connaissances des périodes favorables ou

défavorables, pour prendre des dispositions avec le maximum de réussite.

— La construction de certains événements saillants.

Chaque individu possède systématiquement trois tracés principaux.

— La ligne de vie (la vitale) qui entoure l'éminence thénar (mont de Vénus).

Deux traits horizontaux qui sont :

— La ligne de tête qui débute sur le mars thénar et s'incline avec plus ou moins de différenciation sur le mars hypothénar ou l'éminence hypothénar (mont de la Lune).

— La ligne de cœur dont le tracé est à la base des monts des doigts, qu'elle entoure et souligne.

Les traits secondaires, c'est à dire des sillons que nous ne trouverons pas forcément sur toutes les mains, seront : la ligne verticale qui part du poignet et monte vers le doigt de Saturne, la saturnienne, appelée aussi ligne de la destinée [1].

1. Certains anciens chirologues (ou chiromanciens) l'ont nommée la ligne de chance, mais ce terme n'a pas de sens. Disons qu'elle draine une énergie utile à atteindre certains buts. Ceux qui n'en n'ont pas ne sont pas privés de leur destin pour autant, leur énergie est utilisée ailleurs. Jean Cocteau n'avai pas de saturnienne mais plusieurs apolloniennes ; ses aspirations se réalisaient différemment.

Schéma des lignes de la main

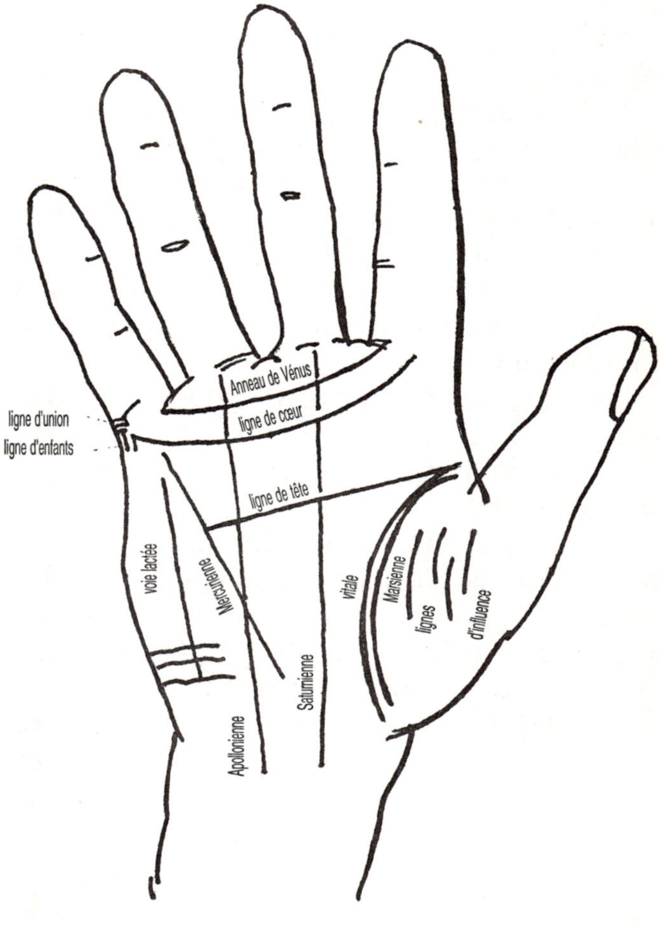

La ligne de Mercure (la mercurienne) qui, partant de l'auriculaire, se trace en biais, se dirige sur la saturnienne.

La ligne d'apollon (l'apollonienne) qui monte vers l'annulaire.

La ligne de mars (la martienne) est jumelée à la vitale, dans un parcours intérieur à celle-ci.

Les lignes d'influence se dessinent sur le mont de Vénus au-delà de la vitale ou de la martienne, aux tracés plus ou moins longs.

L'anneau de Vénus, un arc sous les doigts, qui dans sa forme classique entoure les doigts de Jupiter à Mercure.

Les lignes de voyage, dessinées sur la percussion du mars hypothénar.

Les signes d'enfant, gravés verticalement sous le tranchant du doigt de Mercure.

Les lignes d'unions se traceront sur cette même partie de la mercurienne, mais elles seront horizontales.

La voie lactée, sillon parallèle à la ligne de Mercure, mais dans un tracé droit et descendant vers le mont de la Lune. (voir cet ensemble sur le schéma).

Il y a bien d'autres tracés, beaucoup plus rares, que nous ne pouvons pas aborder dans le cadre de cet ouvrage[1].

1. Vous pouvez consulter un ouvrage du même *Cours de chirologie* aux Éditions Dervy.

Vous pouvez rencontrer sur certaines mains, un foisonnement de lignes, d'un aspect arachnéen, ne cherchez pas à les interpréter, c'est avant tout le signe d'individus particulièrement nerveux, anxieux et qui réagissent intensément à tout état de choses.

La simplicité du tracé implique un fond de sérénité, de peu d'émotivité, parfois d 'indifférence ; son vécu n'ébranle pas le sujet. C'est alors que le moindre petit signe devient un événement.

Sémiologie :

Rameaux montants : petits tracés partant d'une ligne, se dirigeant vers les doigts. C'est le signe d'un événement positif.

Rameaux descendants : petits tracés qui descendent d'une ligne. Difficulté de réalisation.

Iles : tracés arrondis. Période très défavorable qui durera le temps du graphisme.

Croix : indices d'entraves de l'énergie, empêchement. (N'est bon que sur le mont de Jupiter qui suggère bonne union. Positif socialement).

Points : perturbation rapide. Sur la vitale, peuvent signifier : intervention. Ici, suivi d'un rameau montant : perturbation, puis redressement prompt.

Étoiles : intensification de la croix, peuvent s'apparenter aux points également, sauf sur le mont de Jupiter peut représenter situation avantageuse, voire brillante.

Formation en chaîne : période de mauvaise santé, parfois maladie chronique qui perdure en tout cas, le temps de son parcours. Affaiblissement.

Dessin grillagé : phase de contrariété, de mal vivre.

Carré : indice de protection, il ne se trouve pas forcément sur une ligne. Il est signe de bon augure. Dessiné sur un emplacement de difficulté, il atténue le problème.

Triangle : peut se trouver aussi hors des lignes. Protection et succès, surtout sur le mont de Jupiter.

Rupture du tracé : peut être un risque grave, surtout en finale de la vitale. N'importe où, arrêt de l'énergie.

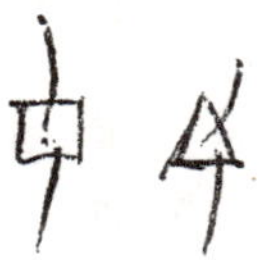

Cependant, si cette rupture est accompagnée par le renforcement d'une ligne parallèle, il y a, alors, soutien de l'énergie, voir aussi avec un carré ou un triangle.

Ligne au parcours indécis et superficiel : manque de tonus, fragilité psychophysique ou neurovégétatif.

Changement du tracé par effacement ou intensification, ils signent des périodes contrastées de défaillance et de dynamisme. Pour entreprendre, attendre que la ligne retrouve son cours optimum.

Sillon montant sur le tracé d'une ligne maîtresse : élévation d'un état, privé ou social. Évolution très positive, nouvelle entreprise ou orientation gratifiante. Voir sur quel doigt il se dirige.

La vitale : c'est une des lignes les plus informative. Elle représente l'énergie psychophysique. Profondément tracée du mars thénar, contournant le mont de Vénus jusqu'au poignet, elle indique une bonne santé, une joie de vivre. Une force face aux aléas du destin (s'appuyer, aussi, sur la chirognomonie). Cependant, même, partant d'un petit potentiel, avec une vitale nette, la personne sait se ménager et aller selon ses forces.

Ne pas s'effrayer devant une ligne de vie courte. Cela ne l'abrège pas forcément[1]. Voir la construction de l'ensemble, ligne et chirognomonie. Sa signification est qu'au moment de cet arrêt on décide de vivre autre chose.

Les signes que nous avons définis prendront tout leur sens sur cette ligne de vie. Une rupture du tracé est franchement négative pour l'état vital, à moins qu'un sillon de secours vienne rattraper « ce trou », telle une reprise, comme signe protecteur pensez aussi aux carré et triangle.

Un point sur la vitale vous indique un trauma rapide, inopiné. En principe vous devriez trouver en même temps une ligne de Beau sur le doigt représentant l'organe ; (la ligne de Beau n'apparaît qu'après l'opération).

Une longue ligne qui partirait de la vitale se dirigeant vers un doigt valorisera le sens de celui-ci.

1. Il est même préférable d'avoir un tracé court net et profond, qu'une ligne longue faiblement dessinée et chargée de signes perturbateurs.

La ligne de tête : c'est le tracé qui coupe la paume en deux ; elle fait le passage entre l'instinctivité et la civilisation des pulsions. Elle débute sur le départ de la ligne de vie (sur mars thénar), elle peut se confondre un temps avec la vitale, c'est l'époque de l'enfance où le jeune reste dépendant de sa famille, son environnement. Cependant si cette fusion devait se prolonger au-delà des normes ce serait une dépendance outrée, une difficulté de s'affranchir de son environnement. Subjectivité. A l'endroit où ces deux lignes se séparent, il y a prise d'indépendance vis à vis de son milieu. Par exemple on se crée un chez soi, on rencontre un tiers, etc.

Autre configuration ; la ligne de tête est complètement détachée de la vitale, il y a un état naturel d'indépendance, de hardiesse, confiance en soi, tendance à l'objectivité.

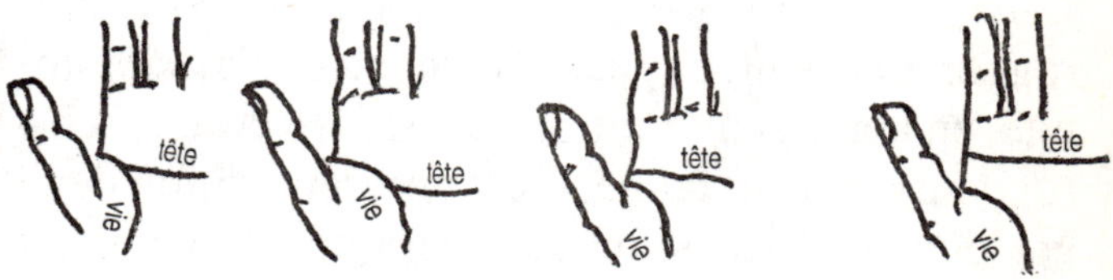

Courte fusion ligne de tête et vitale — Longue fusion tête et vitale — Séparation des lignes tête et vie — Eloignement trop important des deux lignes

Si l'écart devait être excessif, il y aurait un décalage entre le moi profond et son expression.

Cette ligne (tête) aide à la fois à l'expression de sa psyché et de son expression sociale. Ne pas définir l'intelligence d'un individu sur sa dimension, mais plutôt un comportement. L'intelligence ne peut être que l'harmonie d'un ensemble et souvent le créatif s'anime dans un certain déséquilibre, mais nous n'aurions pas la prétention de définir l'intelligence, de plus ce n'est pas ici, le propos.

Ligne de tête courte : esprit de synthèse, pratique, vif. Avec les doigts courts plus instinctif que cérébral, avec les doigts longs, il y a plus de maturation par la réflexion.

Ligne de tête longue : esprit analytique. Réfléchi. Si trop longue, capable d'entêtement, surtout si main raide et consistance dure.

Certaines lignes s'inclinent vers le mont de la Lune, c'est un signe d'introversion, voir si la chirognomonie suit, ce peut être un indice de médiumnité, en tout cas d'intuition superlative. Mais si chirognomonie trop faible, c'est une déperdition de la personnalité dans le monde onirique. On construit des rêves, sans construire dans le réel.

Ligne droite : mentalité rationnelle. Pratique. Le tracé se termine parfois par une fourche, voir le rameau le plus saillant, ascendant ou descendant qui donnera le ton vers le pratique ou l'onirique.

Si, dans son parcours, la ligne change de direction, c'est une nouvelle façon de voir les choses qui peut entraîner un changement de vie (voir les autres indices).

Par exemple un tracé droit qui tout à coup se courbe vers l'éminence thénar ; on passe d'une vision rationnelle à une perception plus intuitive.

Ligne descendant sur le mont Lune

Ligne droite

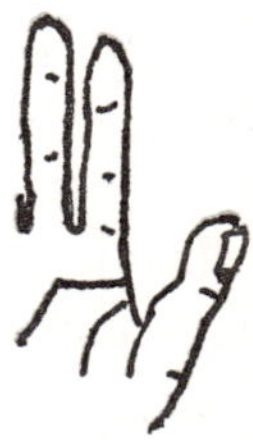

Ligne changeant de direction

Les îles, les formations en chaînes sont des signes de dépression [1]. Si vous trouvez une île seulement sur la main gauche, le sujet est porteur d'une hérédité plus ou moins névrotique mais qu'il ne subit pas directement lui-même ou qu'il a déjà maîtrisé.

Les points sur ce tracé sont des maux de tête, si nombreux : migraines récidivantes.

Si le tracé est très compliqué : personne anxieuse,

1. J'ai vu une personne qui avait plusieurs îles sur sa ligne de tête qui ont disparues après une psychothérapie.

angoissée, tourmentée. Accident possible. Perte de mémoire (voir l'ensemble) s'il y a des ruptures de tracé sans protection. Sur chirognomonie solide, ce sera une évolution de mentalité.

Au début de cette ligne, plus ou moins fusionnelle avec la vitale, si vous trouvez des îles, des croix, des chaînettes, des étoiles, etc. c'est le signe d'une enfance difficile, parfois maladive.

Plus le sillon d'ensemble sera lisse, plus l'individu absorbera sans trauma les coups du sort.

La ligne de cœur : c'est le tracé des sentiments, du cœur sur le plan émotionnel et physique. L'échange affectif, les évènements sentimentaux, peines et joies. Il indique l'état cardio-vasculaire. Si cette ligne n'a pas d'accident de parcours, c'est un parcours affectif sans agitation, ni émotions excessives.

Si le sillon est chargé de points, de chaînettes, d'îles : on vit des chagrins sentimentaux (voir les autres lignes).

Une île est une longue période d'enfermement dans une peine de cœur, voir problème cardiaque si sang rouge, main feu, ongles courts.

L'étoile c'est un choc brutal, ce peut être tout autant un choc cardiaque qu'un choc affectif fulgurant.

La terminaison optimale de la ligne de cœur se

situe sous le doigt de Jupiter[1], personne aimante, communicative, qui exprime facilement son affection.

Et si elle lance, dans sa finale, trois longs rameaux, c'est grande chaleur humaine qui s'exprime sur trois plans : émotionnel, social, spirituel. (On peut trouver aussi deux rameaux, ou pas de rameaux du tout).

L'arrêt peut se produire sous le doigt de Saturne et parfois même avant. Cette personne a beaucoup de retenue dans l'expression de ses sentiments. Crainte ou pudeur excessive, voire froideur, blocage, appréhension de la communication affective, etc. Peu de charisme. La ligne peut s'encastrer entre Saturne et Jupiter : réserve dans son expression affective, sentiments réfléchis mais ouverts.

Les formations : îles, points, rameaux descendants, et notamment les points, peuvent indiquer des problèmes cardio-vasculaires, surtout si le sang est rouge ou bleuté et les doigts courts.

Dans certains cas, on trouve une seule ligne large, rouge, où sont confondus les deux sillons de la tête et du cœur (voir dessins), ce qui donne l'impression qu'il manque une ligne principale, il n'en est rien, c'est la fusion de ces deux tracés. On

1. Il peut arriver qu'elle se prolonge jusque sur la percussion de Jupiter, ce serait alors un signe de grande affectivité, mais avec une attitude assez possessive.

appelle ce trait « la simienne » [1]. Il n'y a pas de distinction entre l'émotion et le mental. Ce qui peut entraîner un peu de confusion dans le discernement. Mais attention, ce n'est pas vraiment une anomalie, seulement une singularité qui entraîne des comportements inattendus, originaux. Voir l'ensemble chirognomonique, car s'il y a trop de points de faiblesse, cela peut devenir un indice trouble.

Dans un contexte solide, lui préférer l'originalité, la distinction du comportement.

Il y a des parcours simiens réduits, le tracé joue alors le temps de la fusion des deux lignes ; une évolution mentale se produit lorsque les sillons deviennent autonomes.

Simienne

Demi-simienne

La saturnienne ou ligne de destinée : nous abordons les lignes secondaires, car on ne les trou-

1. Terme qui vient du mot singe. On dit que cette marque se retrouve dans les mains des singes.

vera pas dans toutes mains, cependant, on pourra les observer dans les trois quarts des cas. Son tracé exprime l'intégration dans la vie sociale, le comportement pour atteindre certains buts dans la vie.

Elle peut débuter sur n'importe quelle partie de la main. Son départ le plus précoce est à la base du poignet. Lorsque le dessin est compliqué au départ de la ligne, de plusieurs sillons embrouillés, de croix, d'îles, de points, etc. ; c'est le signe d'une enfance douloureuse, ceci doit être confirmé par des tracés confus à la jonction des lignes de tête et de vie.

Plus la ligne sera droite, sans perturbation, plus la destinée se déroulera dans une continuité sereine et représentera une vie routinière qui peut satisfaire, surtout si le doigt de Saturne est long.

Une rupture signale un changement de direction, professionnelle ou personnelle ; voir les autres lignes : les points, les étoiles, croix etc. sont des entraves pour atteindre ses buts.

Les âges sont facilement repérables sur cette ligne, on atteint trente ans sur la ligne de tête, le parcours précédent désigne les âges antérieurs. Parvenue à la ligne de cœur cinquante ans, au delà, la continuité de la vie.

Une saturnienne peut très bien débuter sur la ligne de cœur. Elle indique alors qu'à cinquante ans le destin de cette personne se construit autour d'un événement affectif. Tandis que si elle s'arrête sur la ligne de cœur, elle peut vivre une rupture douloureuse, telle que veuvage, divorce, fin d'une situation affective, (voir d'autres signes le confirmant par ailleurs).

Une saturnienne qui débuterait sur la ligne de tête, (30 ans), exprime une prise en charge du destin par un acte volontaire, à cet âge là. Une détermination qui indique une restructuration de vie, par exemple, des études qui ouvrent de nouvelles possibilités, une union qui introduit des responsabilités etc. Si c'est une union, une ligne en biais, venant du mont de la Lune apparaîtra sur cet emplacement. Voir dessin en fin de chapitre.

Lorsque la saturnienne débute à la base du poignet, (schémas), le sujet ne devra compter que sur lui-même pour atteindre ses buts.

Sur l'éminence thénar, on bénéficiera des bonnes opportunités du destin, qui correspondront aux désirs profonds du sujet. Sur l'éminence hypothénar, on se dirige intuitivement, selon son inspiration, ce peut être un tracé chez certains artistes, ou encore là où l'imagination joue un rôle dans les activités. Parfois, ce peut être une attitude capricieuse dans la prise de décision de son destin.

Sur la plaine de mars, il y a un peu de tâtonnement pour prendre une décision ferme. Ce qui peut retarder certaines réalisations, on cherchera sa voie. En fait, plus elle débute tard, plus le sujet met du temps à affirmer sa prise en charge personnelle.

L'arrêt de la saturnienne sur le mont de Saturne, on conduit sa vie raisonnablement, en faisant le choix de la sécurisation. Si cette ligne devait se prolonger jusque sur le doigt saturnien, le libre arbitre n'interviendrait peu, sentiment d'être dirigé par la fatalité.

Chaque rupture de la ligne, voir même une courbe indiquent une transformation dans le vécu. Les signes perturbateurs que nous connaissons sont des périodes de difficultés. L'intensification ou l'effacement du tracé nous donne l'information que vous savez.

Lorsque la saturnienne se dirige sur le doigt de Jupiter en touchant la ligne de cœur et la contournant. On va vers une réalisation sociale, une reconnaissance publique, selon le sens jupitérien.

Une ligne qui prend racine sur le tracé de Saturne, droite et lisse, indique une réanimation fructueuse de la situation (voir sur quel doigt elle se dirige). La saturnienne peut avoir un tracé imprécis, déformé, pas toujours facile à suivre, sa direction doit nous conduire sur le doigt de Saturne, même si elle a des déviations dans son parcours, et dépasser ses enchevêtrements. Une discontinuité confuse fait appréhender des changements mal structurés.

Départ à la base du poignet

Départ sur le mont de la Lune

Départ sur l'éminence thénar, mont de Vénus

Arrêt sur la
ligne de cœur

Arrêt sur la
ligne de tête

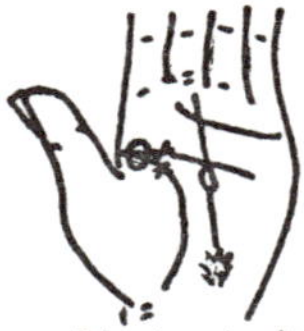

Départ enchevêtré ainsi que celui de la vitale, tête qui indique une enfance difficile. Une île se forme vers les 25 ans pour se terminer à 30 ans, période de mal vivre, de blocage.

Trois ruptures du
tracé. Trois changements.

Ligne montante sur le doigt de Jupiter vers 25 ans. Situation promotionnelle servant les ambitions.

Tracé imprécis qui montre des périodes mal vécues, (croix et points)

Ligne venant du mont de la Lune vers l'âge de 22 ans, indique une rencontre affective, union.

Âge sur la saturnienne, de la naissance à la ligne de tête : 30 ans, à la ligne de cœur : 50 ans.

La mercurienne ou ligne de l'auriculaire : appelée aussi ligne de santé. Il est vrai qu'elle y contribue, elle draine directement l'énergie qui vient de l'auriculaire. Tout le monde ne possède pas cette ligne. Elle est une stimulation de l'énergie. Bien tracée, sans aspérités, ni ruptures, elle soutient la santé et aussi le jugement personnel.

En tronçons : problèmes nerveux.

Ondulée : faiblesse hépatique, surtout avec sang jaunâtre.

Les rameaux descendants, les croix, les îles, les points sont des pertes d'énergie. Certaines mains possèdent un double tracé mercurien : renforcement de l'énergie, jugement subtil, affirmé.

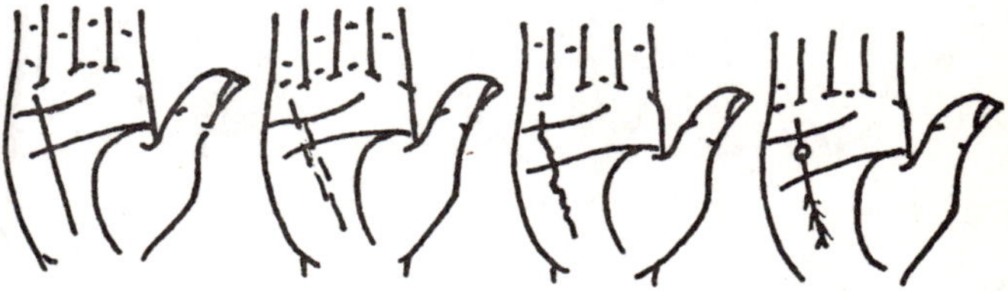

Mercurienne bien dessinée — Tronçons — Ondulée — Îles et rameaux descendants

L'Apollonienne ou ligne de l'annulaire : un tracé apollonien qui partirait de la base de la main et arriverait sans tourment sous l'annulaire est un trajet fort rare ; il serait le signe d'un accomplissement personnel où l'on réalise ses désirs profonds. C'est indice de création[1], d'aspiration artistique d'un état de plénitude, de vécu affectif selon ses aspirations etc.

Elle débute sur divers plans de la main. Plus elle débutera tôt, plus les désirs seront comblés. Souvent, elle commence à se dessiner sur la ligne de cœur, c'est à dire à 50 ans ; il s'établira alors, un temps de sérénité ou de vœux exaucés, et ouvre une période où l'on se sent bien. Débute sur le tracé de tête, montre des conceptions mentales créatrices que l'on parvient à transmettre ce qui est vécu comme un accomplissement. Ce pourrait être, mais ce peut être autre chose aussi, comme une philosophie que l'on transmet, enseigne, etc.

Tracé optimum

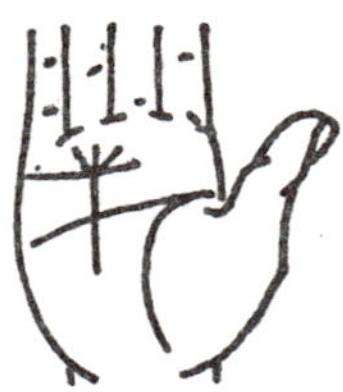
Ligne se terminant en fourche

Départ à 50 ans

Une rupture de la ligne est une évolution d'un état intérieur qui peut se reconstituer ou qui mutera à la reprise du tracé.

1. Voir la chirognomonie car si main molle, pouce et doigts frêles, sang bleu etc. ; il n'y a aucun tonus pour soutenir un effort de création. Cependant on pourra dire que cette personne vit sereinement avec son potentiel d'énergie et qu'elle a trouvé ses codes de félicité, de sérénité.

S'il y a trois rameaux, une fourche, au sommet de la ligne c'est un accomplissement d'idéal de vie de l'intimité à la réalisation sociale. Voire une reconnaissance de ses œuvres ou de ses applications (configuration très rare).

Ligne de mars (martienne), jumelle de la vitale : elle doit être très près de la vitale pour être réellement une martienne. Nette et bien dessinée, elle renforce la ligne de vie. Elle est la bienvenue lorsque le sillon vital est faible ou court. Son parcours est plus ou moins long ; son arrêt termine son rôle de protection ; son arrivée déclenche un nouveau tonus. On lui prête également la marque d'une personne à laquelle on est profondément attaché. Les perturbations sur la martienne touchent le support de l'énergie, mais peut également représenter un problème concernant un tiers. Celui auquel on est profondément attaché. Le tracé martien n'est pas très courant. Ne pas le confondre avec les lignes d'influence.

Les lignes d'influence : elles sont parallèles à la martienne (voir dessin), sinon parallèles à la vitale. Elles définiront la marque de tiers qui ont exercé une influence sur le sujet, les tracés les plus proches sont souvent la parenté surtout en début de vie.

Dans ces tracés on peut comprendre le conjoint, une amitié, une rencontre, un maître etc. Les indices que l'on rencontrera sur ces lignes concerneront des tiers et non plus le sujet.

Marsienne

Lignes d'influence

Perturbation sur la Ligne d'influence

Ligne montante sur ligne d'influence

Une ligne montante sur un sillon d'influence est un événement fructueux pour un tiers. Cependant ne pas confondre avec les lignes de chagrin qui seront plus horizontaux (voir schémas).

L'Anneau de Vénus : intensifie la sensibilité ou la sensorialité.

Mains solides : il enrichit son possesseur de vibrations sensitives aiguës.

Anneau de Vénus bien dessiné

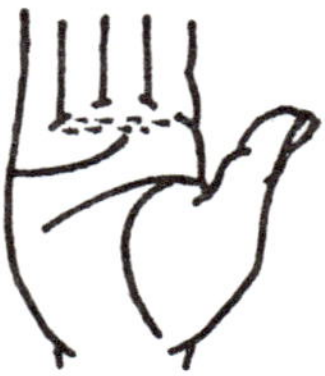

Anneau de Vénus perturbé

Main faible : toujours chargée de forces vives, mais plus où moins bien vécues comme un envahissement de la sensibilité, sans parvenir à la canaliser. Bien dessiné sensations qui suivent un parcours constructif.

Hachure : signe de tension, hyperesthésie, susceptibilité.

Lignes de chagrins : elles partent de l'intérieur du mont de Vénus, où encore de la vitale, pour se terminer plus ou moins sur la ligne de cœur, elles indiquent des chagrins. Lorsqu'elles s'arrêtent sur les lignes d'influence, la peine touche un tiers, plutôt que le sujet lui-même.

Ligne de chagrin

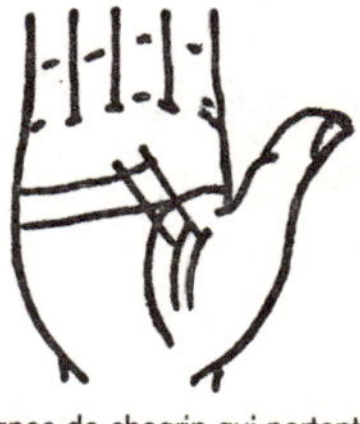

Lignes de chagrin qui partent des lignes d'influence.

Lignes de voyages : elles arrivent du tranchant de mars hypothénar. Ce peut être un indice de voyages si elles sont profondément incrustées, sinon le désir de voyager, de s'évader du quotidien. Si ces tracés portent points, îles, étoiles etc. Risques dans un voyage.

Les signes d'enfants : se dessinent verticalement sur la percussion de Mercure. Le nombre de petits traits correspondent aux nombres d'enfants, les tracés profonds désignent des garçons, les légers, des filles. Les traits brisés, hachurés, îles sont des marques d'enfants qui n'arrivent pas à terme. On aura plus de renseignements à ce sujet, sur les mains féminines que masculines.

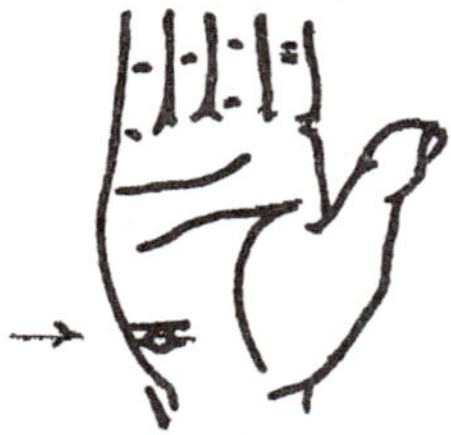

Lignes de voyages (île)

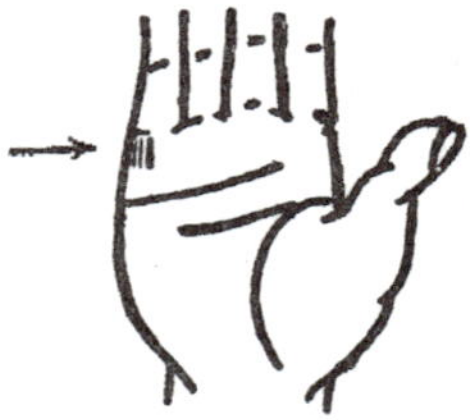

Lignes d'enfants

Lignes d'union : se trouvent sur le même emplacement que les lignes d'enfants mais dessinées horizontalement sur la percussion de la mercurienne. Elle sont signes d'union, de rencontres sentimentales (parfois platoniques). Si l'une des lignes descend sur la ligne de cœur, c'est un chagrin affectif, peut être un veuvage (surtout si la saturnienne s'arrête sur la ligne de cœur : 50 ans).

Lignes d'union

Lignes d'union descendante sur la ligne de cœur. Chagrin ou problème affectif.

La voie lactée : tracé rare, ligne droite en parallèle à la mercurienne. Elle signifie une hyper intuition, signe de médiumnité, surtout si la ligne de tête descend sur le mont de la Lune et que les doigts se retournent en arrière.

Dans une main faible elle peut être une déstabilisation par un monde onirique compensatoire.

Dans une main solide, cette ligne se structure en intuition superlative.

Autres lignes : tracé horizontal (voir dessins) qui se trouve en bas sur la paume, débutant sur la vitale est indice de problèmes abdominaux et souvent ovariens

Un réseau palmaire tourbillonnant, avec une ligne venant du mont de la Lune indique une fragilité du système urinaire.

Autre ligne à souligner, c'est le tracé qui vient de l'éminence hypothénar et qui aboutit sur la saturnienne : mariage ou rencontre sentimentale qui marque le destin. Cette ligne peut se trouver sur des hauteurs diverses de la saturnienne donnant des dates différentes de cette rencontre. Mais il peut y en avoir plusieurs.

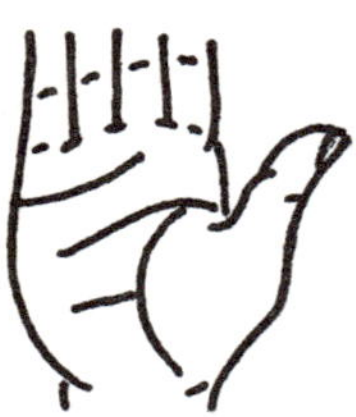

Tracé du problème ovarien

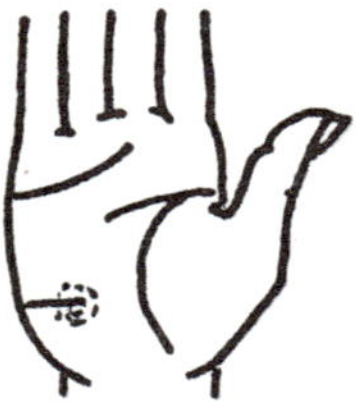

Problème urinaire

Mariage ou rencontre sentimentale

On a remarqué que les lignes s'effacent après un décès [1].

Pour observer les lignes placez-vous dans un endroit très bien éclairé, et éventuellement, servez-vous d'une loupe.

1. Confirmé par des infirmières.

«L'Être humain est pré-disposé par son hérédité et pré-destiné par *son possible*».

Docteur Léon Vannier.

X

DATATION. INTERPRÉTATION

Pour dater les évènements vous aurez deux points de repère. Nous l'avons déjà abordé sur la saturnienne. La vitale vous servira également de plan d'appui pour orienter votre recherche. Ce n'est pas toujours aisé, car chaque main a sa localisation qui lui est propre selon sa taille et forme. Avec l'habitude de l'observation vous y parviendrez sans peine. Pour vous aider, vous chercherez des évènements passés pour comprendre si vous êtes bien sur le point de repérage. Pour cela prendre une petite réglette, ou même un crayon, peu importe. Et imaginez un point sur la base du pouce que vous ferez tourner sur la vitale. Le croquis vous fera mieux comprendre.

Interprétation du graphisme palmaire : les premières années sont marquées par une vie difficile : départ de la saturnienne enchevêtrée de sillons, ainsi qu'une île sur le début de l'embranchement des lignes de tête et vie ; sur le tracé du cœur, sous Mercure, une île est encadrée de rameaux descendants. Mercurienne agitée d'une croix sur un tracé ondulé. Cet ensemble pendant une dizaine d'années environ.

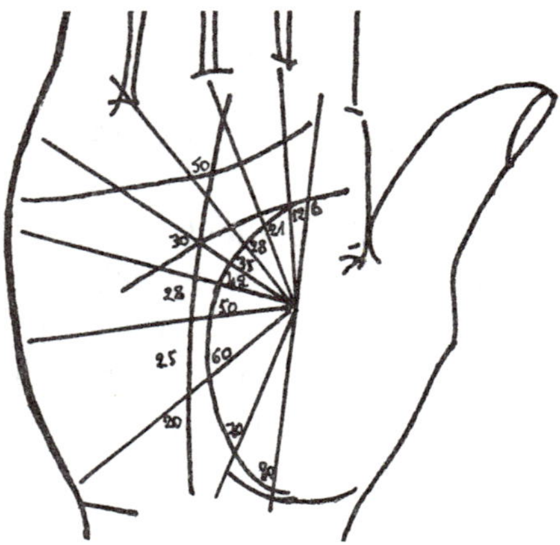

Ensuite la vie est plus sereine. Cependant à l'âge de 20 ans on a un choc rapide et brutal.

Point sur la saturnienne. De même qu'à cette époque, nous avons une longue ligne de chagrin qui part de la vitale et se termine sur la ligne de cœur, sur un rameau descendant. C'est donc une affliction sentimentale, de plus nous trouvons que le sillon du cœur est marqué de signes de perturbations multiples. D'une manière globale on peut dire que cette personne vivra plusieurs émotions

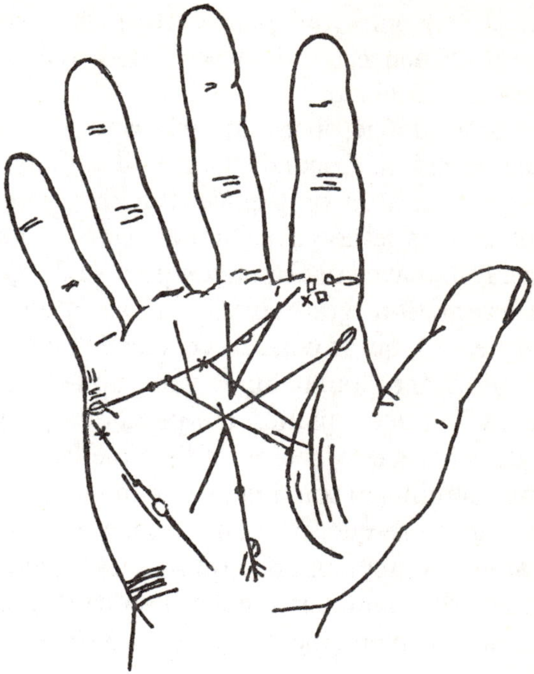

affectives douloureuses : signes éprouvants sur la ligne de cœur, avec sillons de chagrin. Voir aussi sur la percussion de Mercure trois lignes d'union (pas forcément mariage, mais trois émois sentimentaux).

A l'âge de 28 ans, le sujet s'éprend d'une personne et se mariera : ligne montant vers celle de Saturne, venant du mont de la Lune. De plus une croix sous le doigt de Jupiter est signe d'alliance. Rencontre qui peut correspondre avec la ligne d'influence qui débute environ vers 25 ans, parallèle à la vitale.

La saturnienne opère un arrêt vers 32 ans : fin d'une situation. Cependant on voit qu'elle repart nette et ferme, accompagnée d'une superbe ligne montant vers le doigt de Jupiter. Donc, cette personne rompt avec une situation pour se diriger vers une promotion gratifiante (reprise d'une belle saturnienne), qui la conduit vers un échange social très valorisant : longue ligne vers Jupiter bien dessinée. C'est une situation qui perdurera jusqu'à la fin de sa carrière socioprofessionnelle, la saturnienne continuant son trajet sur le mont de Saturne. D'ailleurs, presque en même temps, vers 40 ans, apparaît une apollonienne qui demeure nette sous le mont de l'annulaire, nous indiquant que cette personne est pleinement satisfaite de son sort. Ceci peut indiquer également que vers ces époques là, on s'intéressera à un nouveau hobby ou expression créative. De plus, on remarquera plusieurs carrés sous de doigt de Jupiter ; ils sont le signe d'une protection dans la vie sociale et les ambitions.

Nous distinguons plusieurs lignes de voyages. Ainsi que deux enfants sur la percussion de Mercure (petites lignes verticales). On découvre trois lignes d'influence (retenons bien que ce ne sont pas, à priori, des rencontres sentimentales), mais des personnages qui imprègnent la mentalité, et constituent une influence sur soi même. Vers l'âge de 48 ans, la première ligne d'influence accuse une ligne de chagrin, il s'agit d'un familier qui vit une épreuve.

Vers l'âge de 50 ans, on subit un choc sur la santé : point sur la vitale qui s'accompagne d'une peine personnelle, car de ce point monte un long tracé de chagrin affectif qui rejoint un point sur le sillon du cœur, on peut en conclure qu'un chagrin affectif entraîne une somatisation brutale et même un malaise cardiaque possible : point sur le tracé du cœur.

Autour de 55 ans, la santé est encore éprouvée : une rupture de ligne assez longue sur la vitale pourrait être franchement inquiétante, s'il n'y avait pas ce petit signe protecteur qui soutient cette déficience et le protège d'une situation irréversible.

Constatez que la vitale repart, nette et bien construite. Observez encore que la mercurienne est assez attigée et que dans son tracé le plus abîmé, elle est doublée également d'une ligne compensatrice qui supplée à la carence et protège de manifestations trop éprouvantes.

NOTA : il est bien certain que sur une main, les tracés ne sont pas dessinés au cordeau comme sur un schéma.

Ce sera le temps de l'apprentissage.

Reconnaissez avant tout les trois lignes essentielles, puis la saturnienne, si vous en avez une.

Il est possible que dans certains cas vous ayez du mal à la cerner, car elle peut se dessiner en petits tronçons vagues. Pour être bien sûr de son tracé, observez que sa direction aboutisse bien sur le doigt de Saturne.

Ne vous bloquez pas sur un réseau de lignes emmêlées qui ne sont pas forcément l'expression d'évènements, mais de personnes émotives.

« Hâte-toi de bien vivre et songe que chaque jour est à lui seul une vie »

Sénèque.

CONCLUSION

Vous voilà à la fin de votre lecture. Ne vous laissez pas impressionner par la densité des informations inscrites aux creux des mains. Certes, elles sont la représentation de la complexité de l'homme. Cependant pour l'aborder gardez ce regard sur l'essentiel, les détails vous séduiront par la suite. Insistez sur l'étude de la chirognomonie.

N'hésitez pas à inspecter beaucoup de mains, même si vous n'avez encore rien à dire. Savoir observer donne l'habitude du déchiffrage des tracés et aide à l'apprentissage. Interpréter sa main, la main de vos proches est un bon exercice. Ne vous affolez pas d'un signe qui peut paraître négatif. Pour l'interpréter, il faut une répétition dans les tracés ; nous l'avons déjà signalé. Cependant mon expérience sait qu'il faut insister.

Laissez-vous émerveiller par tous les signes que

nous livre l'esprit de la vie. Nos empreintes corporelles sont notre livre ouvert. C'est un bonheur d'apprendre à lire et connaître ! « Connaître c'est aimer » disait Saint Thomas d'Aquin.

«Coupe du bois
Porte de l'eau.»

Dicton Zen.

POSTFACE

Qu'y a-t-il de si exceptionnel à ce que la main soit la traductrice du siège de la pensée ? Le cerveau pense et la main en est l'exécutrice. L'être tout entier n'est-il pas contenu dans deux gamètes au départ de la fécondation, où sont déjà inscrites la couleur des yeux jusqu'à la forme des pieds, ceci n'est-il pas moins miraculeux que cela ?

Il ne viendrait pas à votre main la fantaisie de produire un acte si le cerveau n'en émettait par l'ordre.

Étroitement solidaires, pourquoi la main n'exprimerait-t-elle pas dans sa chair l'imprimatur du cerveau, comme le fait manifestement de la pensée ?

La main occupe dans le cerveau, le tiers de la surface totale du corps représenté. Et dès les premiers mois de l'enfantement, le fœtus a déjà ses signes palmaires qui apparaissent, et font donc partie de la constitution de l'être à part entière, déjà dans le témoignage et la nécessité de son monde émotionnel. D'aucuns ne peuvent accepter un certain déterminisme. Pourtant, il se vit dans tout, et nous en sommes imprégnés, et cela si simplement qu'on ne l'appelle même pas détermination.

Avons-nous décidé d'être homme ou femme, d'être blanc ou noir, de naître à New-york ou à Pékin ? etc.

Le libre-arbitre ? Il n'est que dans ses choix, et encore, il ne se livre à nous qu'à travers un moi conditionné. « Ce que nous devenons n'est autre que ce que nous sommes ».

Et si nous mutons profondément en nous-mêmes, notre tracé palmaire se modifiera. Si l'homme inscrit, il sait aussi effacer, en marquant la force évolutive qui est en lui.

Encore une observation que je me permets de répéter, mais qui accompagne le propos cerveau-mains, c'est que, lorsqu'une personne décède, ses lignes s'effacent doucement.

TABLE DES MATIÈRES

EN "POCHE" CHEZ LE MÊME EDITEUR

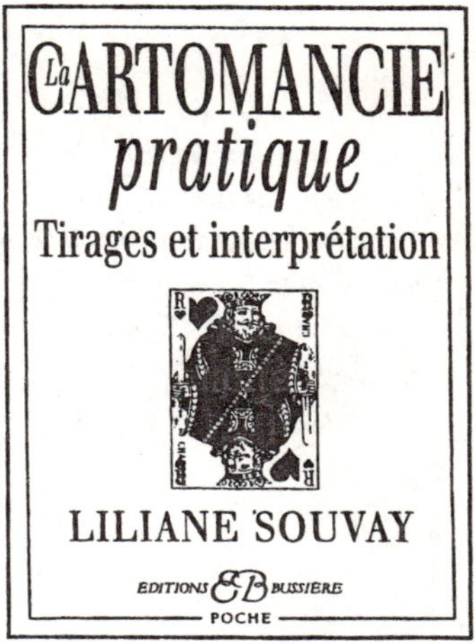

LILIANE SOUVAY

LA CARTOMANCIE PRATIQUE

Le lecteur trouvera dans cet ouvrage un outil simple qui lui permettra de maîtriser le tirage et l'interprétation des cartes traditionnelles.

Guidé par de nombreux exemples aux commentaires rigoureux il entrera avec aisance dans le monde magique de la divination.

Un ouvrage pratique par une professionnelle renommée.

Cet ouvrage a été composé
*par l'**Imprimerie Bussière***
et imprimé sur presse Cameron
*par **Bussière Camedan Imprimeries***
à Saint-Amand-Montrond (Cher)
en novembre 2002

N° d'impression : 25172-024230/1
Dépôt légal : novembre 2002

Imprimé en France